The Influence of Personality Traits of Senior Executives on Innovation Performance in

NETWORK ORGANIZATIONS

网络组织中企业高管个性特质对企业创新绩效的影响

马彩凤 ◎著

北京大学出版社
PEKING UNIVERSITY PRESS

图书在版编目(CIP)数据

网络组织中企业高管个性特质对企业创新绩效的影响 / 马彩凤著. —北京：北京大学出版社，2023.6

ISBN 978-7-301-33830-8

Ⅰ.①网… Ⅱ.①马… Ⅲ.①企业领导—影响—企业绩效—研究 Ⅳ.①F272.5

中国国家版本馆CIP数据核字(2023)第045910号

书　　名　网络组织中企业高管个性特质对企业创新绩效的影响
WANGLUO ZUZHI ZHONG QIYE GAOGUAN GEXING TEZHI DUI QIYE CHUANGXIN JIXIAO DE YINGXIANG

著作责任者　马彩凤　著

策划编辑　罗丽丽

责任编辑　罗丽丽

标准书号　ISBN 978-7-301-33830-8

出版发行　北京大学出版社

地　　址　北京市海淀区成府路205号　100871

网　　址　http://www.pup.cn　　新浪微博：@北京大学出版社

电子邮箱　编辑部 pup6@pup.cn　　总编室 zpup@pup.cn

电　　话　邮购部 010-62752015　　发行部 010-62750672　　编辑部 010-62750667

印 刷 者　北京虎彩文化传播有限公司

经 销 者　新华书店

720毫米×1020毫米　16开本　12.25印张　200千字

2023年6月第1版　2023年6月第1次印刷

定　　价　79.00元

PREFACE

前　言

企业，只有“企图”才有“事业”，企而创新，图而突破。

企业是一个涉及人、组织、环境的复杂网络。经济快速发展，信息技术瞬息万变，企业所处的环境日趋复杂，企业的发展瓶颈及其管理问题日益突出，创新成为企业建立核心竞争优势的源泉，创新的成败可能直接关系到企业的生存与发展。网络经济的发展使企业的创新系统不断发展，变得越来越复杂。知识经济下的企业不仅依赖于它们所拥有的知识与技能，而且依赖于企业之间的资源来创造可持续的竞争优势。高管作为企业的领导者，对企业的创新有着重要影响。由于环境的不确定性与创新的复杂性，企业仅仅依靠内部资源远远不能满足企业创新的需求，而社会网络可以为企业搜寻外部合适资源提供通道。网络合作有利于不同主体间进行信息交流，共享、传播和转移技术知识，获得战略性资源，从而形成企业的竞争优势。企业的网络关系会以直接和间接的方式影响企业的创新行为和创新绩效。

本书通过多案例探讨影响企业创新绩效的前因变量及变量之间的相互作用，并在理论分析和案例探讨的基础上，构建基于高阶理论和网络嵌入理论的高管个性特质、网络嵌入、企业创新绩效关系理论模型和企业网络跨层次创新机制模型，运用层次回归分析方法、结构方程模型进行实证分析高管个性特质、网络嵌入对企业创新绩效的影响，用优势分析方法计算分析高管个性特质对企业创新绩效的相对重要性，从而作为企业选择高管的依据。

本书共包括四部分。

第一部分理论篇，包括第 1 章绪论和第 2 章理论基础与文献综述。主要介绍相关理论基础，如高阶理论、资源基础理论、领导特质理论、创新理论等；界定个性特质、高管个性特质及高管个性特质的相关指标；综述网络嵌入的内涵、网络嵌入的动机、网络嵌入的维度；综述创新绩效的内涵、创新绩效的评价方法、企业创新绩效的前因变量分析；综述高管个性特质、网络嵌入、不同层次要素交互对企业创新绩效的影响。

第二部分案例篇，包括第 3 章探索性案例研究。通过对三个典型案例企业的探索性研究，剖析高管个性特质对企业创新绩效的影响机理、网络嵌入在高管个性特质和企业创新绩效之间的作用效应。通过调研访谈、收集各种数据，对各种信息进行编码分析，揭示在企业自主创新、合作创新、网络创新各阶段中高管、网络嵌入对企业创新绩效的不同影响，推导出研究命题，初步形成高管个性特质、网络嵌入与企业创新绩效关系的研究框架。

第三部分实证篇，包括第 4 章研究假设与设计，第 5 章高管个性特质、网络嵌入与企业创新绩效的实证研究，第 6 章跨层次的企业网络要素对企业创新绩效的影响。第 4 章依据探索性案例研究命题，结合相关理论文献的研究成果，提出高管的不同个性特质对企业创新绩效的相对重要性假设，以及网络嵌入的中介效应假设，并进行实证研究设计。第 5 章利用样本数据，通过层次回归、优势分析、结构方程模型等定量统计分析方法，对研究假设进行实证检验，最后得出高管个性特质与企业创新绩效关系的相关结论。第 6 章首先分析企业高管动态嵌入企业网络的过程，然后通过分析跨层次要素的交互作用对企业创新绩效影响的观点，提出高管个性特质与网络密度的交互作用、高管个性特质与网络关系强度的交互作用、网络密度与网络关系强度的交互作用对企业创新绩效影响的相关假设，最后通过样本数据进行跨层次要素影响企业创新绩效的实证分析。

第四部分结论篇，包括第 7 章研究结论与展望。通过回归分析和结构方程模型分析，发现高管的外向性、风险倾向、前瞻性对企业创新绩效都具有显著的正向影响，通过优势分析发现高管的成就动机、风险倾向、前瞻性、外向性对企业创新绩效的相对重要性依次递增；对高管人口特征进行回归分析发现，高管学历、持股对企业创新绩效都有正向影响，高管年龄和任期与企业创新绩效是非线性关系；网络嵌入在高管前瞻性到企业创新绩效的路径中发挥了完全中介效应，在高管外向性和企业创新绩效间发挥了部分中介效应；通过层次回归分析发现，三个层次要素经过跨层次交互作用也对企业创新绩效产生影响，高管个性特质与网络密度的交互作用显著正向影响企业创新绩效，特别是高管前瞻性和成就动机特质的影响比较大；高管个性特质与网络关系强度的交互作用显著正向影响企业创新绩效，其中高管风险倾向特质的影响比较大。

本书的出版得到了山东交通学院交通文化研究所的支持，受资助于山东交通学院博士科研启动基金项目“网络组织中总经理个性特质对企业创新绩效影响的研究”（项目编号：BS2020026）和山东省重点研发计划（软科学项目）“山东省科技人才竞争力提升研究”（项目编号：2021RKY05085）。

本书的写作得到了天津财经大学彭正银教授和山东财经大学张体勤教授的悉心指导，对各位专家学者的支持和帮助，在此谨表诚挚的谢意。

感谢北京大学出版社对本书出版发行的大力支持及所做的辛勤工作。

由于时间和水平有限，书中难免有不足之处，敬请广大读者不吝指正。

马彩凤

2022年12月

CONTENTS

目 录

第一部分 理论篇

第二部分 案例篇

第三部分 实证篇

第四部分 结论篇

01

PART

第一部分
理论篇

第 1 章

绪　　论

1.1　研究背景

1.1.1　现实背景

1. 资源的稀缺带来企业创新的严峻性

创新是组织生存与发展的基础和核心，也是组织获得核心竞争力的基本保障，国内外学者一直坚持不懈地探讨创新的重要性和创新的影响因素。创新有哪些关键影响因素？人才、资金、信息还是另有其他因素？从企业发展来看，影响企业创新的因素复杂多样，最重要的是资源，资源的稀缺性增大了创新的难度。企业内外部的人、财、物、信息、技术等资源与市场环境构成了推动企业创新的多维综合体。目前，企业成为国家创新的主体，企业的创新行为由企业中各层次的“人”来承担，作为企业高层领导者的高管是企业的核心人力资本，是管理创新最主要的驱动主体。目前，关于企业层面对创新的影响有两种观点：一种观点认为，创新的主要驱动力是高管的固有特征；另一种观点认为，创新的主要驱动力是与外部支持者的关系。这两种观点都说明是资源（人力资源和组织关系资源）影响企业创新。

2. 高管在企业创新中的作用更加凸显

高管是企业创新最为重要的内部促进者，其影响着战略决策的过程和战略行动。对于企业来说，高管对企业管理活动承担主要责任，其个性特质（经验和个性等）对企业管理的结果有重要影响，从而影响企业创新绩效。虽然创新对企业起着至关重要的作用，但作为企业创新的关键因素，高管的保守、低前瞻性等个性特质，企业有限的资源，企业所处的位置等都可能会阻碍企业的创新驱动。高管的个性特质不仅会影响企业资源的获取，还会影响企业在社会网络中的位置，因此高管个性特质成为企业寻求变革和创新的重要影响因素。

3. 网络关系资源在网络经济中发挥重要作用

仅仅依靠内部资源远远满足不了企业创新的需求，社会网络可以为企业提供搜寻合适外部资源的通道，并带来实际收益。企业的网络关系以直接或间接的方式影响企业的创新行为和创新绩效。企业不仅可以从网络关系的直接关系中获得收益，还可以从与网络关系相联系的主体间获得收益。网络关系也代表了一个企业的资源和能力。网络关系既会影响企业外部资源的获取，又会影响企业内部资源的创造。网络嵌入可以使联结的两个组织或多个组织形成共同的价值创造，也有可能只是某个组织单方面的价值攫取。网络嵌入可以使嵌入网络中的各个主体，通过彼此间的互补性知识、信息与资源的有机结合产生协同效应，达成网络成员间的协作，从而提升创新绩效。网络嵌入对企业绩效的影响总体上是正向的，对知识流入和管理创新绩效均存在显著的正向影响。

1.1.2 理论背景

现在学术界对高管与企业绩效关系的研究仍然保持关注，一再重复进行科学询问的两个关键问题是“高管对企业绩效有影响吗？”和“高管如何影响企业绩效？”。从很多方面来说，这两个问题一直是战略管理领域的核心问题，它们也越来越受到组织行为学和人力资源管理学等学者的关注。

1. 高阶理论和现代领导特质理论相交融

在现代企业法人治理结构中，高管受聘于董事会，是代表董事会处理企业日常事务的管理人员，是企业委托代理关系中拥有最大经营决策权的代理人。高阶理论认为，高管的特征体现在企业的战略行动中，反过来又影响着企业未来的业绩，高管的特征通过塑造企业的战略行动来影响未来的企业绩效。因为很难收集关于高管的认知基础和个人价值的心理测量数据，高阶理论建议研究人员可以研究这些变量的“可观察到的管理特征作为指标”（Hambrick，Mason，1984）。因此，高阶理论学者经常关注人口特征，如年龄、性别、高管任期、正规教育（学历）和以前的职业经验等指标。丁和洛德（Dinh，Lord，2012）认为，企业创新成功往往取决于领导者的优秀特质，领导者对企业战略目标和决策有着重要的影响和引领作用，领导者的许多个性特质都会影响企业创新行为，进而影响企业创新绩效。高管作为企业的领导者，影响着创新决策。高管的决策受先天特质的影响，这些特质影响企业创新。部分学者认为心理特质更体现高管对企业创新战略的选择，对高管的研究更应该关注高管的个性特质，由此展开对高管个性特质、领导风格等方面的研究。

2. 网络经济下资源基础理论的扩展

网络经济下的组织不仅依赖于他们所拥有的知识与技能，而且依赖于组织之间的资源来创造可持续的竞争优势。网络合作有利于不同主体间进行信息交流，共享、传播与转移技术知识，并加快知识积累和能力提升，获得战略性资源，形成企业的竞争优势。企业网络能够拓展企业知识的来源，企业间的合作关系网络能够促进企业间的知识共享，在进行合作和共享信息的过程中也可能产生新的知识，通过多方面的合作可以提高企业间知识共享的效率和速度，进而提高企业创新绩效。企业是嵌入在各种网络之中的，企业的创新绩效会受到各种网络的影响，通过企业间两两合作或者多个利益相关者相互合作，能够为组织带来相应的网络资源，可以从合作的其他组织中获得创所需要的资源，从而影响网络内成员的创新绩效。

学者们对高管个性特质与企业创新绩效之间的关系，以及网络嵌入与企业创新绩效之间的关系，从理论和实证方面都做了比较丰富的研究，为后续深入研究高管个性特质、网络嵌入对企业创新绩效的影响提供了理论基础。

1.2 问题的提出与研究意义

1.2.1 问题的提出

随着知识经济时代的到来以及一体化的不断深入，全球化竞争越来越激烈，创新已成为企业建立竞争优势的源泉，创新的成败可能直接关系到企业的生存与发展。随着互联网的发展，企业的创新系统也不断发展，再加上外部环境的不确定性，企业创新变得越来越复杂。企业通过自主创新提升创新绩效的机制也需要升级，需要更多地合作创新、网络创新，需要企业整合内部和外部的资源以实现最佳资源配置，更多地利用组织间关系和网络组织进行共同创新，以提升企业的创新绩效。

高管作为企业资源中最活跃、最关键的资源，也是企业创新决策的参与者或制定者，高管的个性特质成为企业寻求变革和创新的重要影响因素。企业创新是有效整合企业内外部资源的开放性过程，技术的复杂性与环境的不确定性，使得单一企业的有限资源无法满足技术创新的要求。为了提高企业的创新绩效，企业只有从外界获取创新所需的各种资源。获取外界资源最常用和最有效的渠道就是企业通过网络嵌入与利益相关者合作，利用其资源和能力创造价值。高管的哪些个性特质会影响企业创新绩效？影响程度有多大？在企业创新过程中，由于技术创新所需要的知识与信息具有独特性，网络嵌入对企业创新产出的影响又是怎样的？高管如何通过网络嵌入间接影响企业创新绩效？这些问题都有待深入研究。

本书在综合分析和运用领导特质理论、高阶理论、网络嵌入理论、资源基础理论等相关研究成果的基础上，探讨了企业、组织间关系、网络组织 3 个层次要素对企业创新绩效的不同影响，以及这 3 个不同层次要素对企业创新绩效的跨层次影响，并构建基于高阶理论和网络嵌入理论的企业网络跨层次创新机制理论模型，试图研究阐明高管个性特质、网络嵌入等要素及其交互作用对企业创新绩效的作用过程和机理。根据本书的研究目标，将研究问题分解成以下几个方面。

（1）高管的哪些个性特质会直接影响企业创新绩效及其影响大小。针对高管个性特质的研究已经较为丰富，从高阶理论到社会资本理论等。这些研究大多较为分散，有些只研究高管人口特征，有些只关注高管的某个心理特征。从高管个性特质、人口特征综合研究高管对企业创新绩效影响的文献非常少。高管的哪些个性特质影响较大，哪些影响较小，这些问题，目前还没有相对系统的研究，也没有相对统一的观点。本书将在现有研究的基础上，通过探索性案例探讨影响企业创新绩效的高管个性特质，并通过问卷收集数据进行实证分析，了解影响企业创新绩效的高管主要个性特质及其影响大小。

（2）高管是否通过网络嵌入间接影响企业创新绩效。在以往的研究中，关于高管个性特质与企业网络嵌入之间关系的研究仅局限于具体的研究视角。组织中个人的成就可能会超越同龄人，这不仅是因为他们所属的网络存在差异，而且还因为个体的差异。个人所处的网络位置可能受其个性及其心理的影响。高管通过个人网络与企业的合作者进行正式和非正式沟通与合作，与合作者建立组织间合作网络，形成企业的网络嵌入。企业通过网络嵌入从合作网络中的其他组织获取需要的创新资源，形成竞争优势，提升企业创新绩效。高管的某些独特的个性特质可以影响企业网络嵌入的形成，网络嵌入又促进企业创新绩效提升。高管如何通过网络嵌入间接作用于企业创新绩效？网络嵌入发挥了什么作用？本书将通过实证分析的方法揭示高管、网络嵌入和企业创新绩效之间的内在作用机制。

（3）高管个性特质、网络嵌入的交互作用对企业创新绩效是否有影响。一些证据表明，跨越社会阶层的个人获得了关于机会和资源的非冗余信息，获取信息、知识等资源的能力与个人绩效、组织绩效直接相关。影响企业创新绩效的因素很多，关键影响要素是位于企业内、组织间关系中还是网络组织内？哪个层次要素相对更重要？或者是几个不同层次的交互作用？当前关于相关要素跨层次影响企业创新机制的研究比较少，目前大部分研究集中于分析单一层面要素的作用，无法全面系统理解企业创新绩效的影响机制。本书将利用跨层次分析法，探讨企业、组织间关系、网络组织三个不同层次要素（高管个性特质、网络关系强度、网络密度）的交互作用对企业创新绩效的影响。

1.2.2 研究意义

本书在基于领导特质理论、资源基础理论和网络嵌入理论的基础上，通过探索性案例和实证分析，探讨企业如何通过选择合适的高管，增强社会网络资源的获取能力，提高企业的创新绩效。这一问题的研究具有一定的理论价值，也具有较强的实践意义。

1. 理论意义

知识与信息时代，企业的竞争是人才的竞争，是企业创新的竞争。企业创新有助于企业获得核心能力，提升企业价值。创新需要企业高管发起和支持。高阶理论重点关注了高管个体的人口特征对企业绩效的影响，如高管年龄、任期、学历、性别、职业背景等对企业绩效的影响。近几年，学者们开始转向高管的心理特征对企业创新绩效的影响，但研究比较单一，大多集中在高管自恋、过度自信等某个心理特征的影响研究。不同个性的高管在资源获取渠道和资源利用、企业的战略决策、企业的创新行为等各方面都表现不同，从而会不同程度地影响企业创新绩效。高管对变化的开放性以及对变化的灵活性和易接受性，可能会发挥重要作用。因此，探究何种特征类型的高管更有利于提升企业创新绩效，以及高管不同的个性特质对企业创新绩效的相对重要性，能有效地补充过于强调高管人口特征重要性的高阶理论，达到高阶理论和领导特质理论的互相补充和交融。

学者们主要从静态角度，着重研究了网络嵌入对企业创新绩效的直接影响，以及网络嵌入通过某些中介变量间接影响企业创新绩效。本书从动态角度，研究高管利用个人网络，带动企业动态嵌入组织间关系网络，然后嵌入企业网络组织，网络成员从网络中获取创新需要的资源，推动企业网络创新，丰富了创新理论和网络嵌入理论的研究内容。通过研究网络嵌入在高管个性特质和企业创新绩效之间的中介作用机制，以及研究企业、组织间关系、网络组织三个层次要素跨层次交互作用对企业创新绩效的影响，有效地整合高阶理论、领导特质理论和网络嵌入理论，扩展了网络嵌入理论研究的边界。

2. 实践意义

作为企业战略领导者，高管在很大程度上决定企业有限资源的配置模式，形成企业战略导向。创新作为企业资源配置的核心方向，反映了高管作为战略领导者在资源配置方向上的取舍和战略导向抉择。毫不夸张地说，当今一些企业之所以可以引领时代、独占鳌头，就是由于高管对企业创新的执着投入，如苹果公司（前任 CEO 乔布斯）和亚马逊公司（前任 CEO 贝索斯）。与之相对的是，由于企业高管未能积极推进创新而使企业丧失优势地位甚至惨遭并购、破产，厄运让人扼腕，如诺基亚公司（前任 CEO 埃洛普）。虽然创新对企业有着至关重要的作用，但高管会受到自身经验、社会背景、个性特质、政治阻力、企业文化和公司资产专用性等因素阻碍而难以驱动企业创新。因此，合适的高管成为企业寻求变革和创新的重要路径。

当下的中国社会正急切需要创新，高管又对企业创新起关键性的作用，因此，探讨高管个性特质对企业创新绩效的影响将有助于人们更好地认识到高管个性特质的价值，从而有助于企业在未来实践中更好地选拔合适的高管。环境的动态性和不确定性，以及创新系统的复杂化，使得企业仅仅依靠内部资源还远远满足不了企业创新的需求，高管需要利用个人网络带领所在企业进行合作，嵌入组织间关系网络，寻求外部资源和信息，通过借力取得企业创新绩效提升。因此，深入研究高管如何借助网络嵌入提升企业创新绩效，将有助于指导企业更好地与利益相关者合作，充分利用关系资源，保持企业的竞争优势，促进企业的长期发展，具有重要的实践意义。

1.3 研究思路、技术路线与研究方法

1.3.1 研究思路

本书通过对国内外文献的梳理和分析，明确了当前企业发展面临的重中之重是如何进行创新以提升企业创新绩效。环境的不确定性、创新的复杂性，使

得企业开发新产品等所必需的内部资源严重不足，企业需要通过与其他组织建立网络伙伴关系进行合作，以获取外部知识、技术、资金等各种资源，从而提升企业创新绩效。本书通过多案例探讨影响企业创新绩效的前因变量及变量之间的相互作用，在理论分析和案例探讨的基础上，构建基于高阶理论和网络嵌入理论的高管个性特质、网络嵌入、企业创新绩效关系理论模型和企业网络跨层次创新机制模型，运用层次回归分析方法、结构方程模型进行实证分析高管个性特质、网络嵌入对企业创新绩效的影响，用优势分析方法计算分析高管个性特质对企业创新绩效的相对重要性，最终归纳总结得出结论和建议。本书的研究内容框架如图 1.1 所示。

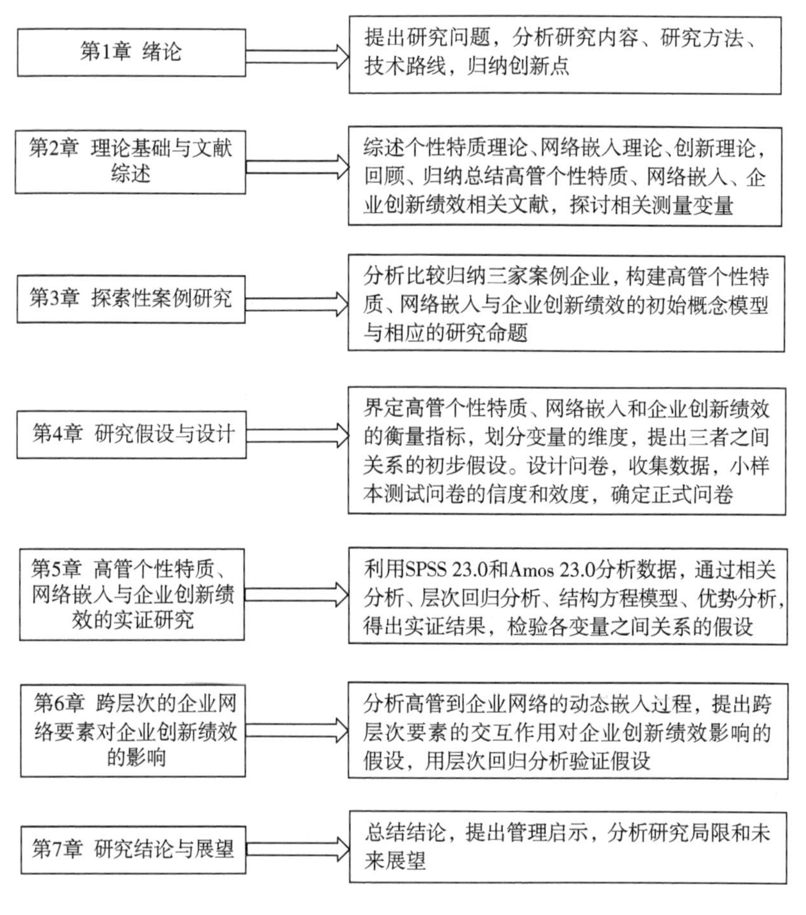

图 1.1　本书的研究内容框架

1.3.2　技术路线

依据研究思路，本书确定了研究技术路线，即通过分析发现需要研究的问题，通过文献回顾探索研究立足点，通过案例探索寻求研究变量，推论变量之间的关系，建立概念模型，提出研究假设，进行研究设计，通过问卷发放、数据收集得到一手资料，运用 SPSS 23.0、Amos 23.0 等统计软件进行数据分析，得出最后结论，本书的技术路线如图 1.2 所示。

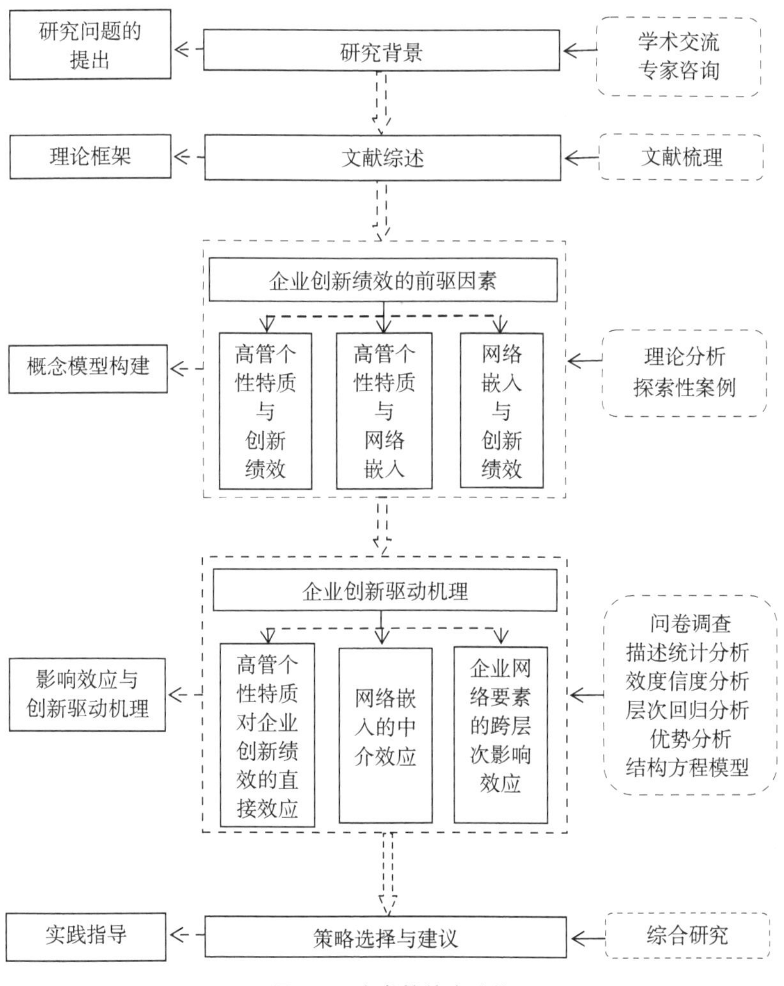

图 1.2　本书的技术路线

1.3.3 研究方法

为了探讨高管个性特质、网络嵌入与企业创新绩效之间的关系，本书选择典型案例进行探索性案例分析，从提出假设分析问题，到实证检验解决问题，主要运用了文献分析法、案例研究、问卷调查法、统计分析法等研究方法，验证了高管个性特质对企业创新绩效的不同影响程度和网络嵌入的中介作用。具体研究方法如下。

1. 文献分析法

本书通过中国知网、EBSCO等数据库详细查阅了有关个性特质、网络嵌入和企业创新绩效等相关领域的大量中、英文文献资料，在仔细阅读这些文献和相关领域著作的基础上，理顺了个性特质、网络嵌入和企业创新绩效等相关领域的研究现状、目前进展情况，为本书的构思和构建初步研究框架奠定了理论基础。通过文献的大量阅读发现，只有对高管个性特质进行系统的综合研究，才能更好地体现高管在企业中的价值。因此界定高管个性特征包括高管个性特质、高管人口特征两部分，涉及心理学、社会学、管理学等多学科、多领域的交叉应用研究，借鉴学者们的研究成果，确定了研究主题，为本书的顺利撰写奠定了重要基础。

2. 案例研究

在文献分析基础上，选取三家典型企业进行探索性案例研究，通过多次实地访谈、问卷调查、文献资料、档案资料、新闻媒体报道等获取大量的一手、二手资料，通过案例内分析和跨案例比较进行编码分析，归纳提炼出几个主要构念的维度，归纳厘清高管个性特质、网络嵌入与企业创新绩效之间关系的初步研究结果，并提出初始概念模型和研究命题。

3. 问卷调查法

为了得到更多的一手资料，采用问卷调查尽可能得到更多的数据资料。在文献分析和案例探索的基础上，了解变量之间的关系，借鉴学者们的指标度量方法，设计本书的调查问卷初稿，结合实地调研访谈和相关专家、团队成员的意见，对问卷进行了多次修改；通过小样本预测试，检验量表题项的效度和信度，修订后形成最终的调查问卷；利用个人社会关系、借助校企合作等多种渠道，采用纸质版问卷、在线调查问卷等方式，采取滚雪球的办法，向企业高管、人力资源部负责人、研发部负责人等相关人员大量发放问卷，回收整理大样本数据，为后续的实证研究提供可靠的资料。

4. 统计分析法

调查问卷回收获得了足够的样本数据后，主要运用统计软件SPSS23.0、Amos23.0等对所获得的样本数据进行统计分析。通过因子分析等进行效度信度分析，通过相关性分析获悉各变量的相关关系，通过层次回归分析和结构方程模型验证高管个性特质、网络嵌入对企业创新绩效的影响，通过优势分析得到高管个性特质对企业创新绩效影响的相对重要性结果，利用统计软件进行统计分析获得各变量之间的关系验证，与案例分析和研究假设相呼应，得出最终研究结论。

1.4　主要创新点

通过案例探索和理论分析研究高管对企业创新绩效的影响，网络嵌入对企业创新绩效的影响，构建了“高管个性特质—网络嵌入—企业创新绩效”的理论框架；然后采用问卷调查，对回收的数据进行样本统计分析，得出实证结果。本书的创新之处体现在如下三方面。

1. 从静态角度，通过优势分析检验了高管的成就动机、风险倾向、前瞻性、外向性等个性特质对企业创新绩效的相对重要性依次递增

通过探索性案例与深入访谈发现，高管个性特质对企业创新绩效有着重要的影响，各个维度影响程度不同。通过回归分析和结构方程模型进行实证分析得到相同的结果，即高管的外向性、风险倾向、前瞻性对企业创新绩效都有显著的正向影响，高管的成就动机对企业创新绩效的影响不显著。通过优势分析发现高管的风险倾向、前瞻性、外向性对企业创新绩效的相对重要性依次递增。总体来看，高管的成就动机、风险倾向、前瞻性、外向性等个性特质对企业创新绩效的相对重要性依次递增。

2. 构建了高管动态嵌入企业网络的过程模型

成功的高管与企业是共同成长和发展、互相成就的，高管个人的社会关系网络通常是与企业网络交融在一起的。高管首先有效嵌入该企业的内部网络，通过知识创造、知识转移、资源运用能力、领导能力等嵌入在企业内部网络的核心位置，发挥其资源收集和利用的作用，组织企业进行自主创新。然后高管个体以正式或非正式的关系嵌入其他相关组织，形成组织间关系网络，与其他组织合作获得创新所需要的外部资源，发挥其资源链接作用，组织企业进行合作创新。随着市场需求的多样化和复杂化，各利益相关者多方合作促成结构嵌入形成企业网络组织，最后完成整个网络组织的跨层次耦合，进行多组织协作的网络创新。

3. 构建了企业网络跨层次要素的交互模型，从动态角度验证了不同层次要素的交互作用有利于企业创新绩效的提升

深入分析企业、组织间关系、网络组织三个不同层次的要素跨层次交互作用对企业创新绩效的影响，构建了跨层次创新机制理论模型。通过层次回归分析发现，高管个性特质与网络密度的交互作用显著正向影响企业创新绩效，其中高管的前瞻性和高管的成就动机与网络密度的交互作用分别显著正向影响企业创新绩效。高管个性特质与网络关系强度的交互作用对企业创新绩效有显著的正向影响，其中高管的风险倾向与网络关系强度的交互作用对企业创新绩效有显著的正向影响。

第 2 章

理论基础与文献综述

本书主要研究企业创新绩效的相关影响因素。围绕这一研究的中心点，本章对高管个性特质、网络嵌入、企业创新绩效等相关的理论、文献进行了梳理和总结，分析了目前相关研究的现状和进展，挖掘了已有研究中可能存在的不足。在学者们研究成果的基础上，使本书的研究与前人的研究成果有所传承、发展和创新。

2.1 高管个性特质的相关研究

2.1.1 高阶理论

高阶理论（Upper Echelons Theory，UET）“是在有限理性的前提下构建的”（Hambrick，2007），它指的是“访问、处理和使用信息”中的人类限制，汉布里克和梅森（Hambrick，Mason，1984）认为，由于这些限制，高管的认知基础和人格特质会影响他们的视野（即注意力的方向）、知觉（即他们注意到的东西）和解释（即他们如何附加含义）。通过这种方式，高管的认知基础和人格特质通过影响“他们对所面临的战略形势的个性化解释”来塑造他们的战略选择。高阶理论认为企业绩效反映了高管的选择，企业创新的差异源于高管创新倾向的不同。例如，具有技术背景的高管比具有其他背景的高管更有可能增加创新。高阶理论模型如图 2.1 所示，高管的战略选择和企业绩效受到自身特质的影响，比如他的社会背景、职务经验等，而这些特质又反过来影响高管的认知模式和价值观。

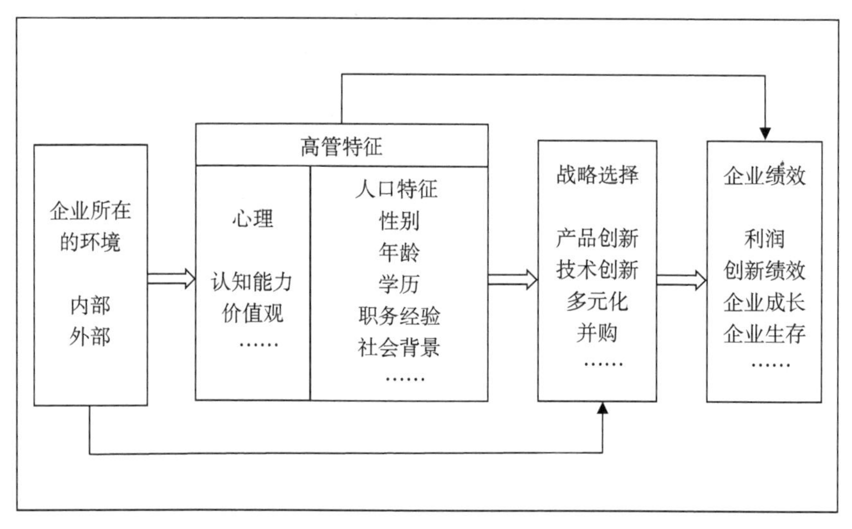

图 2.1 高阶理论模型

资料来源：根据汉布里克和梅森（Hambrick，Mason，1984）文献的内容整理。

高阶理论认为，高管的特征体现在企业的战略行动中，反过来又影响着企业未来的业绩。因为很难收集关于高管的认知基础和个人价值的心理测量数据，高阶理论建议研究人员可以以变量的可观察到的特征作为指标来研究。因此，高阶理论学者经常关注人口特征，如年龄、性别、高管任期、正规教育（学历）和以前的职业经验等指标，这些都是高管的经验指标。最近，学者们也越来越多地关注高管的人格，通常是通过使用心理量表或间接指标来研究单一人格结构，如风险倾向或自恋。高阶理论的研究对人格五因素模型的关注少一些，更多地关注与个人积极自我概念有关的几种个人人格结构，如过度自信、（内部）控制源和核心自我评估（Core Self-Evaluations，CSE）等。

2.1.2 资源基础理论

资源是企业生存与发展的基础，资源基础理论（Resource-Based View，RBV）认为独特的宝贵的异质资源和能力能够维持企业持续的竞争优势，企业之间的资源是不同的，资源水平的差异随着时间的推移而持续存在，这使企业能够保持竞争优势，推动价值创造。企业的资源也是竞争优势的来源，企业资源包括企业控制的所有资产、能力、组织过程、企业属性、信息和知识，使企业能够有效地构思和实施战略。当企业能够利用资源构想或实施战略、消除外部环境威胁时，这些资源就是有价值的；仅由企业或其少数几个当前或潜在竞争对手拥有的资源是稀有的；当资源难以模仿或模仿的成本过高时，资源就是独特的；当竞争性企业无法提出其战略上等价的资源时，资源是不可替代的，只有有价值、稀有、独特和不可替代的资源才可以成为竞争优势的来源（Barney，1991）。

在资源基础观看来，企业是各种资源的集合，任何可以给企业带来优势或劣势的事物都可以被视为资源，这些资源分为物力、人力和组织三类。无形的人力资源是一种特殊资源，是能够创造价值的一种资本，作为知识创造、技术创新的主要载体，是企业通过创新能获得可持续发展的关键生产要素。高管作为人力资源，也是一种特殊的企业资源。高管个性特质影响了自身对企业现有或潜在资源价值的理解和评价，因此高管的经验和个性特质很大程度上影响着企业的政策和策略，也影响了企业信息技术资源、人力资源等的流动和配置。高管个性特质是企业创新战略选择的一项重要补充性资源。高管从社会网络（非市场机制）获取的资源被视为一种“新资源”开发，影响企业的战略选择。非市场机制掌握或分配的资源往往是资金、人才等可以支持各种经营运作模式的通用性资源。高管社会网络作为非市场机制的一种重要形式，会受到年龄、性别、背景等变量的影响。各种信息、知识等异质性资源嵌入高管社会网络中，高管的教育背景、任职经验等影响高管的决策行为，进而影响企业对这些异质性资源的配置和使用。

创新是企业创造优势资源、构建核心竞争力的重要途径，企业通过与利益相关者进行合作，建立战略联盟，促进了知识的创造、能力的培养与技术的创新，创建独特的、宝贵的资源，使企业获得持续的竞争优势。因此，鼓励利益相关者投资、建立合作是资源基础理论的重要基础。

2.1.3　领导特质理论

20 世纪 30 年代，个人特质理论逐渐应用到领导群体的研究，从早期静态的领导特质理论发展到现代领导理论，领导特质理论不断完善和成熟，广泛地应用于企业管理等领域。领导特质理论是对领导行为和领导过程进行系统研究的科学，其重点关注成功的领导者具有哪些特性，试图确定优秀的领导者具有的共同特性，包括领导特质天生论和非天生论，以及现代领导特质理论。

1. 领导特质天生论

对于领导特质，早期大多数学者认为领导者是天生的，具有由基因所决定的先天特质，只有具备天生优秀特质的领导者才能成功。领导特质是生而具有的，如智力过人等特质。一定的个性特质能够区分领导者和非领导者，责任感、友善和支配力等领导者特质与领导的产生和效能之间的相关性比较高。早期的领导特质论看到了某些品质特征与领导有效性存在一定的关联，强调领导者特殊特质的重要作用，不足之处是忽略了教育、环境等对领导者的影响。

2. 领导特质非天生论

与早期领导特质天生论不同，学者们对领导特质进行了动态研究，一定情境下否认了领导特质天生论的观点，形成了领导特质非天生论。比如，美国心理学家吉赛利认为有效领导者应具有十三种特质，包括八种个性特质（才智、首创精神、督察能力、自信心、适应性、判断能力、性别、成熟程度）和五种激励特质（对工作稳定的需要、对物质金钱的需要、对地位权力的需要、对自我实现的需要、对事业成就的需要），并认为成功的领导者受后天学习的影响。当然，成功领导者的合作精神、社交能力、善于应变、敢于冒险等特质也与后天环境息息相关。

3. 现代领导特质理论

现代领导特质理论也称基于过程观的领导特质理论。该理论认为，一方面，有效领导者的确有一定的个性特质，企业创新成功往往取决于领导者的优秀特质，他（她）对企业战略目标和决策有重要影响和引领作用，他（她）的许多个性特质都会影响企业的创新行为，进而影响企业创新绩效；另一方面，影响领导者行为的可能是领导者某些特质的组合，因此应该关注特质组合如何影响行为，不同情境下领导者的表现可能是不一样的，应把情境变量纳入领导者特质与行为之间的关系中。

2.1.4　高管个性特质的概念界定

1. 个性特质的概念

个性是个体内在身心系统中的动力组织，个性决定了个体对环境适应的独特性。个性特质是以个体生理为基础的一些持久不变的性格特征，是个体具有的稳定的不会轻易改变的心理特征，一般在不同的时间和情感中都保持着某种行为形式和一致性。个性特质是嵌入在个体中稳定而持久的心理特征总和，决定了个体对环境独特的适应方式。个体内在的、难以测量的个性特质，显著影响个体的行为和表现。本书认为个性特质是一种个体内在的、独特的个人特征，反映个体在观察、行动和感知等一系列生理和心理方面表现出来的经常的、稳定的行为模式。

2. 高管特征的相关指标

目前的研究专注于两组高管特征。第一组涉及高管的经验，该经验捕捉了高管的背景特征，主要是人口特征，也是高阶理论最常使用的高管特征之一。第二组与高管个性有关，主要是人格特征，是领导特质理论重点研究的高管个性特质。因此本书的高管特征包括高管背景特征和人格特征两大部分，由于高管背景特征研究比较成熟，本书重点关注高管人格特征。

（1）高管背景特征

目前学者对高管的研究中，高管背景特征包括专业背景、人口统计学背景和社会背景，主要和高管的经验有关。这些特征提供了高管在做出影响企业战略的判断和决策时涉及的知识和价值，主要包括年龄、性别、受教育水平、任期、专业背景、工作背景、高管持股等指标。由于这些指标是可观察和可测量的特征，因此成为最常研究的高管个性特质，所以研究成果比较成熟。

（2）高管人格特征

也有越来越多的学者开始对高管人格特征展开研究，人格（也被称作个性，这个概念源于希腊语 Persona）是“相对永久的，根深蒂固的性格”，会影响高管对环境、企业及其自身能力的关注和处理。高管人格特征（即个性特质）是领导特质理论主要研究的高管人格结构，主要包括外向性、前瞻性、风险倾向、成就需要、过度自信、内部控制源、核心自我评估、自恋等。

基于高阶理论和领导特质理论，学者们对高管特征展开了深入而广泛的研究。作者整理出近年来学者们有关高管特征指标的相关研究，如表 2–1 所示。

表 2–1　高管特征指标的相关研究

高管特征	具体指标	代表性学者
高管背景特征	年龄	Hambrick，Mason（1984）；段玲玲（2019）
	性别	淦未宇（2018）；韩宝珺（2019）
	受教育水平	Kimberly，Evanisko（1981）；林勇，周妍巧（2011）
	任期	谭庆美，刘楠，董小芳（2015）；马彩凤，彭正银（2019）
	专业背景	Hambrick，Mason（1984）；张雪（2018）
	工作背景	Daellenbach，McCarthy，Schoenecker（1999）；宋建波，文雯（2016）
	高管持股	谢尚委，廖宝丽（2012）；栾斌（2016）
高管人格特征	外向性	Norman（1963）；黄继生（2017）
	前瞻性	Bateman，Crant（1993）；叶莲花，凌文辁（2007）
	风险倾向	Simsek（2007）；赵观兵，梅强，万武（2010）
	成就需要	Papadakis，Bourantas（1998）；张向葵，张林，马利文（2002）
	过度自信	Chen，Crossland，Luo（2015）；周婧婧（2019）
	内部控制源	Judge，Locke，Durham（1997）；赵观兵，梅强，万武（2010）
	核心自我评估	Hiller，Hambrick（2005）；Simsek，Veiga，Lubatkin，et al.（2005）
	自恋	Chatterjee，Hambrick（2007）

资料来源：作者根据相关资料整理。

3. 高管个性特质的界定

高管个性特质是指高管内在的、独特的个人特征，即高管的气质、性格、情绪等人格特征，反映了高管在观察、行动和感知等一系列生理和心理方面表现出来的经常的稳定的行为模式。从目前的研究来看，人格五因素模型更接近于人格的真实维度，人格五因素模型（five-factor model，简称 FFM，科斯塔和麦克雷提出）包括情绪稳定性、外向性、开放性、宜人性和谨慎性五个因素。

2.2　网络嵌入的相关研究

2.2.1　企业网络的动态发展过程

根据哈堪森和斯涅何塔（Hakansson，Snehota，1995）的观点，网络应该包括主体、行为和资源三个基本组成要素。企业网络发展经历了企业—组织间关系—网络组织三个阶段，这三个阶段的变动是通过资源收集—资源链接—资源整合实现的。在企业网络发展的三个阶段中，行为主体也发生了变化，即企业个体—合作伙伴—网络成员。焦点企业的创新活动经历了自主创新—合作创新—网络创新的过程。

1. 企业网络发展中主体的变化

企业网络发展经历了“企业个体—组织间关系—网络组织”三个阶段，相应地，行为主体也发生了变化。最初的企业个体独立经营、自我发展，市场的激烈竞争、外部环境的不确定性使得企业实现创新目标所需的知识、资源等面临不足。企业在创新过程中会选择让关键供应商或关键客户参与进来，增加成功的机会，形成组织间关系，创新主体由企业个体发展为合作双方。企业在创新过程中越来越多地让更多的利益相关者（科研院所、政府等）参与到价值链的创造中，形成网络组织，创新主体变成网络组织内的所有成员。

2. 企业网络发展中资源的变化

一家企业是由一系列不同的资源组成的，比如人力、设备、厂房、知识、技术、信息、资金等，企业通过这些内部资源的收集维持企业的活动。当企业发展到一定程度，随着外界环境和内部条件的变化，自身资源已远远不能满足企业目标的达成。此时，企业可与主要供应商、主要客户、科研院所建立合作，通过资源链接从合作方获取知识、信息、技术等各种资源，通过合作创新完成企业目标。合作伙伴之间会出现各种资源联系，合作伙伴的资源将被捆绑、共享。随着关系的进一步发展，可能会出现新的资源组合，在焦点企业与某一供应商形成资源关系时，该供应商同时又与它的供应商或客户形成资源关系，因此，焦点企业会与第三方、第四方相关联，形成企业网络组织。大多数网络成员及活动参与者或资源提供者之间存在一些资源关系，这种资源关系聚合成资源集合，资源集合中的不同资源被整合在一起，可以成为有价值的资产，促进网络成员的共同创新。

3. 企业网络发展中创新行为的变化

企业主体的行为是指网络主体之间进行技术、信息、知识等各种资源流动的过程，各种资源交换互动的过程中伴随着企业创新的不断升级和产品价值的提升。行为主体在不同层次采用不同的资源获取方式，在企业层面，企业充分利用自身的资源、能力，进行自主创新；随着技术、市场的发展变化，企业通过与其他组织合作来获得创新所需要的外部资源，进行合作创新，降低企业创新过程中的风险和不确定性；企业网络的形成又进一步促进了组织间知识、信息的流动和共享。企业网络成员既是资源提供者又是网络资源使用者，在企业网络内各取所需，进行共同的网络创新。

4. 组织间关系在企业网络成员交互过程中的变化

在企业网络发展过程中，组织间关系在交互过程中一般会经历调整、合作与冲突、社会互动、常规化四个方面的磨合适应期。

（1）调整。两个组织之间关系持续存在和发展的前提条件一般是某些方面的相互调整适应。由于某些组织活动的协调需要，处于关系中的两个组织都会或多或少地不断修改和适应彼此交换生产过程中的技术、信息、资源，甚至是某些行为准则，以便更好地发挥合作作用。

（2）合作与冲突。在关系的发展中组织之间存在着合作和冲突的因素，为了避免一种关系变成零和博弈的危险，合作是必要的和必需的，对合作和价值创造的关注，使双方的关系既有合作又有竞争，即处于竞合状态。

（3）社会互动。业务关系的建立类似于一个社会交换过程，个人关系在组织关系的形成中扮演着重要的角色，个人编织的个人关系网络，成为两个组织之间发展组织间关系的前提，互相信任影响着组织间的关系互动。

（4）常规化。组织间的商业关系通常是复杂和非正式的，随着时间的推移，才逐渐制度化。一起合作的组织相互适应，产生了相互承诺，形成了一种不断变化的、连续的组织过程。

结合哈堪森和斯涅何塔（Hakansson，Snehota，1995）企业网络动态发展的观点，本书提出了企业网络的动态发展过程，如图 2.2 所示。在企业网络动态发展过程中，企业网络效应跨越企业、组织间关系、网络组织三个层次，这三个层次都存在资源、主体和行为三个基本要素的变化。

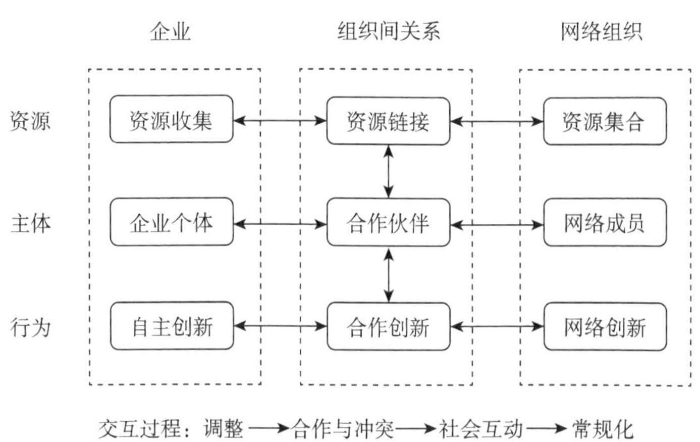

图 2.2　企业网络的动态发展过程

资料来源：根据哈堪森和斯涅何塔（Hakansson，Snehota，1995）的研究结果改编。

2.2.2　网络嵌入的内涵

“嵌入”的内涵最早是波兰尼（Polanyi，1944）提出的，他认为经济行为主体不可能是一个完全独立的个体，而是与外界有千丝万缕的联系，任何组织都会通过某种形式嵌入某个或某些特定的网络中。因此嵌入是指一个组织由于过去的联系而与其他组织逐渐形成的稳定的联系。组织行为受到组织间相互社会关系的影响，在组织嵌入与利益相关者形成的多种关系网络之中，以关系嵌入和结构嵌入两种形式为主。不同时期有不同方式的嵌入，并且嵌入程度也可能不同，但嵌入是始终不变的。关系嵌入是企业与利益相关者两个主体之间产生相互直接作用（包括互相支持与信任、信息共享）的一种非正式关系，反映主体间的二元关系强度和信任程度。关系强度越高，信任程度越高，主体之间的信息、资源等交流越理想。组织间的嵌入关系可以概念化为由高密度的信息共享、高度的信任和共同解决问题组成。结构嵌入主要关注企业在网络结构中的位置及成员之间的互动关系，即结构洞、网络密度等。结构嵌入中的结构洞位置与网络密度都会影响企业的运作，决定或影响企业从网络中获得知识、信息、技术等网络资源。

2.2.3 网络嵌入的动机

嵌入为资源交换、技术合作、信息获取、知识创造等提供了机会。当两个组织间有资源交换时，企业会与另一个组织建立合作关系，嵌入组织间关系；为了获取稀缺性网络资源，企业会嵌入两个以上组织形成的网络组织。企业基于各种不同动机嵌入各种网络，比如节省寻找关键信息的成本、为企业创造独特的竞争优势、分担风险、获取新技术或技术互补、进入新市场、知识分享等，最终可以获取企业所需的资源，提升资源整合能力，保持企业的竞争优势。迄今为止的研究突出了许多理论（交易成本经济学、资源基础观等），并且每个理论强调了促使企业嵌入网络动机的不同方面。学者们基于成本因素、内部因素和外部影响，关注企业为什么进入网络实体（如联盟、合资企业）和其他商业组织（如购买团体和贸易协会）。

交易成本经济学强调企业嵌入网络的动机是交易成本效率。它在预测汽车制造等成熟行业的供应商和买家之间的垂直整合方面是有效的。然而，交易成本的逻辑没有捕捉到网络的战略方面，如学习、合法性地创造和快速市场进入，为了解决企业在形成战略联盟方面的能力，艾森哈特和斯本博文（Eisenhardt，Scboonboven，1996）开始将战略需求视为企业形成联盟和在网络中定位的动力。这种工作开始超越交易成本，并着眼于资源需求和获取资源的可能性。

资源基础观强调企业的战略因素和特征是企业网络嵌入的动机，而不是交易成本。许多关于企业进入联盟动机的研究采取了资源基础观。戴斯和滕（Das，Teng，2000）尝试将不同的资源特性（即财产资源基础观和知识资源基础观）与联盟的形成和结构联系起来。李、李和彭宁斯（Lee，Lee，Pennings，2001）进一步研究了内部能力和外部网络的影响，拉维（Lavie，2006）借鉴网络资源的概念，通过并入互联企业的网络资源来扩展资源基础观，提出了一种将共享资源与非共享资源区分开来的模型，揭示了相互关联的企业可以从组织不完全拥有或控制的资源中获取价值。社会资本理论解释了组织如何访问和使用嵌入在社交网络中的资源以获得回报（如寻求经济帮助），基于这一理论，组织有参与互动和联网的动机，以提高企业绩效。

2.2.4　网络嵌入的维度

国内外学者通常把网络嵌入划分为几个维度进行相关研究，不同学者根据研究的需要把网络嵌入分为不同维度，有二维度、三维度、四维度、六维度等。常见的二维度包括关系嵌入、结构嵌入，三维度包括关系嵌入、位置嵌入、结构嵌入，四维度包括认知嵌入、文化嵌入、结构嵌入、政治嵌入，六维度包括时间嵌入、空间嵌入、社会嵌入、政治嵌入、市场嵌入、技术嵌入。国内外学者根据自己的研究视角和关注重点，提出了差异化的观点，网络嵌入维度划分如表2-2所示。

表2-2　网络嵌入维度划分

研究视角	代表性学者	维度划分
二维度	Granovetter（1985）	关系嵌入、结构嵌入
	Andersson, Forsgren, Holm（2002）	业务嵌入、技术嵌入
	彭伟，符正平（2014）	本地网络嵌入、超本地网络嵌入
	魏江，徐蕾（2014）	本地知识网络、超本地知识网络
	钱锡红，杨永福，徐万里（2010）	位置嵌入、结构嵌入
	王福胜，王摄琰（2012）	内部网络嵌入、外部网络嵌入
三维度	韩莹，陈国宏（2016）	结构嵌入、关系嵌入、知识嵌入
	Hagedoorn（2006）	环境嵌入、组织间嵌入、双边嵌入
	Gulati，Gargiulo（1999）	关系嵌入、位置嵌入、结构嵌入
四维度	Zukin，Dimaggio（1990）	认知嵌入、文化嵌入、结构嵌入、制度嵌入
	朱顺林（2012）	认知嵌入、文化嵌入、结构嵌入、政治嵌入
	杨友仁，夏铸九（2005）	商品链嵌入、反身性嵌入、行动者网络嵌入、社会性制度嵌入
六维度	Halinen，Tornroos（1998）	时间嵌入、空间嵌入、社会嵌入、政治嵌入、市场嵌入、技术嵌入

资料来源：作者根据相关资料整理。

国内外学者对网络嵌入的维度划分，丰富了网络嵌入的研究内容，接受度最高的是格兰诺维特(Granovetter)的关系嵌入与结构嵌入二维度划分。

2.3 创新绩效的相关研究

2.3.1 创新的理论研究

首先提出创新概念的熊彼特认为，创新是企业家对生产要素和生产条件的重新组合，主要包括产品创新（制造新产品或对老产品的改造）、技术创新（采用新的生产工艺）、组织创新或制度创新（采取新的组织形式）、市场创新（开拓新市场）、资源配置创新（寻求新的供给市场）。在管理学的研究中，创新可以促进企业实现高速发展，是企业持续经营的动力之源，创新对企业提升竞争力及实现长远发展具有重要作用。

创新是企业进步与发展的源泉，那些持续创新的企业往往具有可持续性的经济活力。迈克尔·波特（Michael Porter，1990）认为，创新不仅仅是某一个体或者某一家企业的行为，创新的产生也会受到国家或地区的影响。对企业而言，创新是一个新的理念或行为的采用，创新被认为是有助于企业竞争力和生存的重要战略和实践。创新是企业家把企业外部环境和内部条件的变化转化为新机会所使用的特定工具。创新包括两个基本部分，即创意的产生及其商业化过程。创新的采用会显著地提高个人、团体和组织的效益。创新既包括技术创新也包括管理创新。技术创新聚焦于具体化技术的研究与开发活动，管理创新包括对管理理念、制度、流程、结构等难以把握的对象进行整体或局部改进的一系列活动。技术创新与管理创新对企业赢得持续竞争优势具有同等重要的地位。

2.3.2 创新绩效的内涵

目前，针对创新绩效的概念，国内外学者尚未形成共识。创新绩效是企业研发投入和过程运行的结果表现，是产品创新或者工艺创新活动之后所带来的企业绩效的提高，是创新过程中技术产出的成果，主要是企业新开发的产品。高新技术企业的技术创新绩效关注过程绩效、间接绩效及其他隐性收益，一般分为技术创新显性绩效与技术创新隐性绩效两个类别。国内外学者普遍认可创新绩效是企业在创新系统投入一定的资源要素之后，产出的成果及表现出的生产效率的提高，包括产出创新（产品创新）绩效和过程创新绩效。

2.3.3　创新绩效的评价方法

创新绩效指标有两种衡量方法，一种是客观测量法，另一种是主观测量法。在客观测量法中，学者们从不同角度采取了不同的测量指标，形成了不同的创新绩效指标评价体系，企业创新绩效指标评价体系汇总如表 2-3 所示。在主观测量法中，学者们利用量表对创新绩效指标进行评价，开发的量表包括对创新过程绩效和创新结果的衡量，通过对量表内容的主观评价得出衡量结果。

表 2-3　企业创新绩效指标评价体系汇总表

研究角度	代表性学者	指标评价体系
对象	Prajogo，Ahmed（2006）	创新数量、创新速度、创新水平、市场领先四个方面的指标
过程	Freeman（1982）	产品设计、开发、生产等核心过程和辅助过程的交流频率等
	陈劲，陈钰芬（2006）	企业与研发单位交流频率、研发部门与客户交流频率
投入产出	王奇，吴秋明（2018）	创新投入和创新产出的效率：专利申请数、R&D 投入、R&D 强度、R&D 人员人数、企业在职员工总人数、R&D 人员占比、营业收入、企业同比销售增长率、利润总额、全员劳动生产率、资产负债率
	陈劲，陈钰芬（2006）	新产品销售率、新产品数量、专利申请数等
	池仁勇（2003）	投入指标：新产品研发经费投入、研发人员投入等；产出指标：新产品销售额、新产品增长率、专利申请量等
	Hagedoom,Cloodt（2003）	新产品开发数、专利引用数、R&D 投入额、专利申请数

续表

研究角度	代表性学者	指标评价体系
效益	于树江，赵丽娇（2019）	技术创新绩效：规模以上工业企业的新产品产值
	贺桥辉（2016）	创新效率和创新效果
	颜晓畅（2019）	新产品销售收入
	王核成，李鑫（2019）	专利数量
	张方华（2010）	创新产品的成功率、年申请的专利数和新产品产值占销售额的比重（新产品产值率）
	沈灏，李垣（2010）	新产品数量增长、专利数量增长、研发投入增长、投资回报率增长

资料来源：作者根据相关资料整理。

2.4 企业创新绩效的前因变量分析

创新创造了相对于竞争对手的战略优势，决定了企业的成长和长期生存，企业创新活动受企业内外部环境影响，是多种因素交互合作的结果。影响企业创新绩效的因素既有可能来自组织内部（如高管个人特质、高管关系网络与企业资源等），又有可能来自组织外部（如企业利益相关者的合作、政府的相关政策等）。高管的背景和个性特征，决定了他（她）的认知和价值观，从而相应地影响了企业的战略选择和绩效。企业所嵌入的网络具有丰富的资源，企业嵌入合作网络，可以增加外部资源的获取，提升对关键资源的控制力，有利于企业创新绩效的提升。因此，企业内部因素的高管个性特质和外部因素的网络嵌入都是影响企业创新绩效的重要因素。

2.4.1 高管个性特质对企业创新绩效的影响

不同领域的学者从不同视角对高管个性特质与企业创新绩效的关系进行了实证研究。居于企业管理核心地位的高管的特征尤其是个性特质是决定企业绩效的更为核心的因素。前瞻性（又叫前摄性）人格是指个体在各项活动和各类情境中表现出主动性的人格倾向，前瞻性人格对企业创新绩效具有正向影响。风险倾向是反映高管决定采取或避免风险的累积倾向的特性，具有高风险倾向特质的高管更容易识别企业所需的高价值资源。高管的成就需要、风险倾向均正向影响企业技术创新，高管的外向性特质对新产品开发绩效有积极的促进作用。国内外学者从不同角度出发，采用不同方法对高管个性特质进行了实证研究，得到不同结果。高管个性特质的实证研究结果汇总如表 2-4 所示。

表 2-4 高管个性特质的实证研究结果汇总

代表性学者	研究维度	绩效指标	研究方法	研究结论
肖红新，陈秋华（2019）	成就需要、风险倾向	财务绩效和成长绩效	结构方程模型	创业者的风险倾向特质对新创林业企业绩效没有显著的影响，成就需要未产生直接影响
于淼，马文甲（2018）	外向性	财务指标和战略性绩效指标	逐层回归分析、因子分析	高管个性在资源拼凑与创新绩效关系中起正向调节作用
张婕，樊耘，张旭（2014）	前瞻性	创新绩效	回归分析	前瞻性人格对企业创新绩效具有正向影响
赵观兵，梅强，万武（2010）	风险倾向、内控制源、不确定性容忍度、成就需要	创业资源识别	逐层回归分析	风险倾向、内控制源、不确定性容忍度对创业资源识别具有正向显著作用，成就需要维度作用不显著
Aronson，Reilly，Lynn（2006）	大五人格：神经质、开放性、宜人性、外向性、情绪稳定性	新产品开发绩效	结构方程模型	神经质、开放性、外向性、情绪稳定性四个维度对新产品开发绩效有正向显著影响，而宜人性对其没有影响作用
Papanicolaou，Kravvaritis（1998）	成就需求、风险倾向等	企业技术创新绩效	多元回归分析	成就需求、风险倾向等都对技术创新有积极的影响作用

来源：作者根据相关资料整理。

2.4.2 网络嵌入对企业创新绩效的影响

企业创新与外界环境有着千丝万缕的联系，而技术的快速发展，也使得单一企业难以独立完成创新项目，有时需要借助外界的力量。企业嵌入合作网络中，可以从网络中获取需要的互补性资源，建立起长期的信任和互惠关系，得以共享关键知识和信息，因此，企业网络显著有利于创新绩效的提升。嵌入合适网络结构的企业能更好地获取有价值的信息及资源来稳固企业的发展，组织间合作研发可以带来补充性资源、风险成本共担和外部知识溢出。

企业通过关系嵌入和结构嵌入来提高创新绩效，网络关系强度和网络规模均有利于技术创新绩效的提升。位于网络中心的生物技术企业容易获取知识优势从而进行创新。中小企业创新网络的结点联结强度对创新绩效三个指标（企业销售增长、利润增长、新产品开发）都有显著的正影响；网络中心度对中小企业创新投入能力有正面的影响。企业网络中的关系嵌入对企业创新绩效有显著影响，而结构嵌入的影响不显著。

网络嵌入能够对企业创新绩效产生直接影响，这种直接影响可能是正向的、负向的甚至是倒 U 型的。企业的网络中心度与创新绩效正相关，结构洞指数与创新绩效正相关，装备制造业集群中的结构洞特征能够对企业创新能力提升起积极的促进作用，高科技上市公司的行业网络密度和创新绩效正相关。伍兹（Uzzi，1997）提出了网络组织负效应，认为过度网络嵌入可能产生锁定效应，将企业限定在特定网络内，阻碍了企业对外部的资源、信息与知识的获取，不利于创新绩效的提升。

网络嵌入通过某些中介变量间接影响企业创新绩效，如区域位置、网络权力、知识获取、知识整合、搜索策略、知识搜索、知识转移和创造等在网络嵌入和创新绩效之间发挥中介作用；同时，网络嵌入通过组织学习间接影响企业创新绩效，技术嵌入和业务嵌入通过创新动力作用于企业创新能力。部分国内外学者关于网络嵌入影响企业创新绩效的相关研究如表 2-5 所示。

表 2-5 部分国内外学者关于网络嵌入影响企业创新绩效的相关研究

代表性学者	研究维度	绩效指标	研究方法	研究结论
王核成，李鑫（2019）	高管之间形成的连锁董事网络	专利数量	回归分析	网络嵌入对企业创新绩效有倒 U 型影响
黄继生（2017）	结构嵌入、关系嵌入、认知嵌入	突破性创新绩效	层次回归分析	结构嵌入、关系嵌入、认知嵌入都显著地正向影响企业突破性创新绩效

续表

代表性学者	研究维度	绩效指标	研究方法	研究结论
庄小将（2016）	网络中心度、网络规模、网络开放度	新产品数量、申请的专利数、新产品产值占销售总额的比重	结构方程模型	网络中心度、网络规模、网络开放度影响集群企业技术创新绩效
谭云清（2015）	关系广度、关系密度、结构强度	创新性、创新速度、创新数量	多元回归分析	关系广度、关系密度、结构强度都与开放式创新绩效存在倒U型关系
赵辉，田志龙（2014）	网络密度、网络中心性	项目绩效	案例研究分析	网络密度、网络中心性对项目绩效具有明显的影响
王宇（2018）	网络规模、网络强度、网络中心度	持续性创新、突破性创新	结构方程模型	网络规模、网络强度、网络中心度对持续性创新、突破性创新都有直接影响
谢洪明，赵华锋，张霞蓉（2012）	网络关系嵌入	管理创新绩效	结构方程模型	关系嵌入显著正向影响管理创新绩效
彭新敏，吴丽娟，王琳（2012）	网络中心位置，网络中介位置	产品创新绩效	回归分析	网络中心位置、网络中介位置对产品创新绩效都具有正向影响
池仁勇（2007）	网络关系强度	新产品开发、销售增长、利润增长	回归分析	网络关系强度对企业销售增长、利润增长、新产品开发都有显著的积极影响
何亚琼，秦沛，苏竣（2006）	网络强度、网络密度、互惠水平、网络中心性	创新投入能力、创新研发能力、创新管理能力、创新实现能力	多元回归分析	网络强度、网络密度、互惠水平对创新能力影响不显著；网络中心性正向影响企业创新投入能力
Gemunden，Ritter，Heydebreck（1996）	网络强度、网络位置	产品创新绩效、过程创新绩效	多元回归分析	网络强度、网络位置都显著的正向影响产品创新绩效和过程创新绩效

资料来源：作者根据相关资料整理。

2.4.3 不同层次要素交互对企业创新绩效的影响

创新的前驱因素存在于企业网络的不同层次中，能够对企业层面的创新产出产生补偿或增强作用。一般而言，创新的高管个人因素替代了创新的企业层面和网络层面的因素，在不同的创新机制之间进行选择哪个层面和各个层面的交叉似乎对企业的创新至关重要。林润辉、张红娟和范建红（2013）提出研究网络组织与协作创新关系的新趋势，是分析个体层面和组织层面两个层次的相互作用。目前跨层次分析主要是对连锁董事（企业）网络的研究，不同学者得出了不同的结论，比如，企业间连锁董事网络、连锁董事网络的中心度与企业绩效都呈负向关系（任兵，阎大颖，张婧婷，2008）。然而，彭正银和廖天野（2008）发现连锁董事网络中心度与企业绩效正相关。

网络中的高管可以通过友谊等纽带相互联系，形成协作关系，这种非正式结构的局部链接导致成功申请产品专利的可能性增加，即团队获得“全垒打”专利的可能性增加 65%（Guler，Nerkar，2012）。正式结构的网络组织中，所有高管相互协作，可能导致创新下降，企业创新绩效的下降是维持联系的成本和通过这种联系而产生的知识多样性缺乏的结果。然而，合作网络的局部链接结构有助于高管从紧密的互动中获益。这种互动为成员提供了可执行性、信任和知识共享的好处，增强了创造力和创新成果，即协作网络的结构对组织的创新绩效有显著影响，而正式结构的总体网络会阻碍创新。跨越企业边界的个人网络特征影响着组织间的冲突及企业绩效和创新，拥有更多与其他组织合作经验的企业更有可能形成新的、更多样化的网络关系，并成为网络中的主导参与者。

在网络的各个层次，机会（特别是受欢迎的信息和资源）和限制（特别是过去的行动和不确定性）对网络复制和变化的共同影响是显而易见的。例如，在组织间和组织内网络中，外生于网络的事件可以加强或放松结构，内生因素包括有利于行动者和刺激新联系的信息溢出。高管的特征会影响人际、群体间和组织间网络的变化，个人特征（如个性特质和人口特征等）和组织特征（如技术、资金等资源）是网络效应的潜在调节因素。有些高管在维持或加强群体间的整合方面是至关重要的，因为他们的离开会严重影响群体之间的联系。同样，有些团体（如行业协会）也很重要，因为它们为不同团体的成员提供了建立人际关系的机会，执行这些桥梁角色的参与者可能知道更多，影响更大。与其他群体有联系的成员群体可能更具创新性，但他们的成员身份和忠诚度可能要低得多。

2.5　研究综合评述

随着高阶理论的发展，学者们深入研究了高管背景特征，特别是人口特征对企业战略的判断和决策的影响，主要因为人口特征这些指标是可观察和可测量的特征，因此成为高阶理论文献中最常研究的高管个性特质之一。相对来讲，高管年龄、性别、学历、专业背景、任期等人口特征相关的研究已经非常成熟，因此本书不作为重点研究内容。而有关组织行为学方面的高管人格特质研究相对较少，高阶理论研究很少关注人格因素论，一方面是高管常常不愿应对冗长的心理量表以致无法实施，另一方面是心理量表答案的主观性。但人格是“相对永久的，根深蒂固的性格”，高管人格会影响高管如何关注和处理有关环境、企业及其自身能力的信息，影响高管的战略选择和决策，对新产品开发绩效、技术创新绩效、管理创新绩效等都有非常重要的促进作用，所以本书以高管个性特质作为研究重点。

学者们主要研究了高管个性特质对企业创新绩效是否有影响，如阿伦森、莱利和林恩（Aronson，Reilly，Lynn，2006）发现神经质、外向性、情绪稳定性、开放性四个个性特质对新产品开发绩效有正向显著影响；李正卫、高蔡联、张祥富（2013）通过回归分析发现前瞻性对创新绩效有显著影响；肖红新和陈秋华（2019）通过结构方程模型检验了创业者的风险倾向特质对新创林业企业绩效没有显著的影响，成就需要未产生直接影响。目前关于高管的不同个性特质对企业创新绩效影响的程度大小还没有详细研究，本书通过优势分析探讨了高管的不同个性特质对企业创新绩效的相对重要性，以此可以给企业选聘合适的高管提供一定的指导。

以往对网络嵌入的研究，着重关注网络嵌入对企业创新绩效的直接影响，以及网络嵌入通过某些中介变量间接影响企业创新绩效，研究结果已取得共识，一方面，网络嵌入直接正向影响或者间接正向影响企业创新绩效，另一方面过度网络嵌入可能会产生锁定效应，不利于企业创新绩效的提升。但对于网络嵌入作为中介变量对企业创新绩效影响的研究比较少，因此本书探讨网络嵌入在高管个性特质和企业创新绩效之间是否发挥中介作用。

目前对企业创新绩效影响的研究大多关注单一层次要素的影响，仅仅考虑企业层次要素，或者只考虑网络层次要素，也有部分学者从两个层面入手对企业创新绩效进行了研究，但从动态角度进行跨层次研究的文章很少，目前跨层次分析主要是对企业间连锁董事网络、连锁董事网络两个层面的研究。鉴于此，本书将从理论和实证角度探讨企业个体、组织间关系、网络组织三个不同层次要素之间的交互作用对企业创新绩效的影响。

因此，本书从探索性案例分析出发，基于高阶理论、资源基础理论和网络嵌入理论构建跨层次的“高管个性特质—网络嵌入—企业创新绩效”的分析框架，实证分析高管个性特质、网络嵌入和企业创新绩效三者之间的关系，探讨高管不同特质对企业创新绩效的直接影响，高管通过网络嵌入对企业创新绩效的间接影响，以及不同层次要素的交互作用对企业创新绩效的影响。

02

PART

第二部分 案例篇

第 3 章

探索性案例研究

第 2 章的理论基础与文献综述提供了相关的研究依据，本章选择 3 个典型的高新技术企业进行探索性案例分析，以探讨高管与网络嵌入对企业创新绩效的作用。通过案例内分析和案例间的比较研究，构造高管、网络嵌入与企业创新绩效的初始概念模型，提出相应的研究命题。

3.1 理论背景与理论预设

创新对于大多数企业的长期成功和成长至关重要。创新的前因存在于不同层次的分析中，并且可以对企业层面的创新产出产生补偿或增强作用。实现创新目标所需的知识和资源超出了一家企业的能力范围，企业在创新过程中越来越多地让供应商、客户等关键相关利益者参与进来。资源观理论关注了资源的获取过程，企业需要通过内部资源的挖掘，通过网络合作伙伴关系吸收和分享各种资源，增强创新能力，提升自身的核心竞争力。

高管拥有其他企业成员所不具备的权力优势和资源配置优势。高管的年龄、教育状况、经验、个性特质等，都与高管如何进行决策相关，高外向性的高管更乐于参与社会网络，高成就动机的高管对成功具有更高的信念和期望。高外向性、高前瞻性的高管与供应商、用户之间的良好关系，可以增强与创新相关的知识与资源的流动，与政府建立亲密关系，有助于企业获取政府相关的各类资源和产权保护。总的来说，高外向性、高前瞻性的高管有助于提升企业长期竞争力，增强技术创新的可收益性，可以促进企业创新绩效提升。

学者们从网络结构、资源获取行为与创新绩效之间的关系进行了探索，发现网络嵌入对企业资源获取、技术创新和管理创新有着积极的影响。网络嵌入既直接影响企业创新绩效，也通过某些中介变量间接影响企业创新绩效。通过网络嵌入，企业可以节省寻找关键信息的成本，分担风险、获取新技术或技术互补、进入新市场，可以获取企业所需的资源，保持企业的竞争优势，促进企业创新绩效提升。

通过学者们的研究发现，高管的个性、社会背景等会影响企业的创新决策，从而影响企业创新绩效，而网络嵌入也对企业创新绩效有显著影响，因此，提出了本书的初步概念模型，如图 3.1 所示。高管可以直接影响企业创新绩效，也可以通过网络嵌入间接影响企业创新绩效。

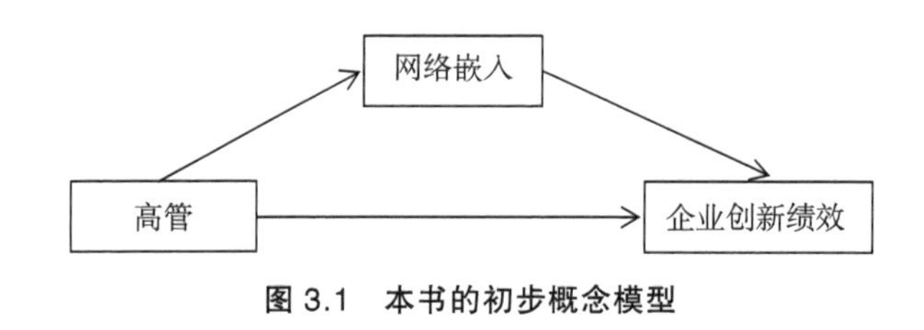

图 3.1　本书的初步概念模型

3.2　案例研究设计

案例研究被公认为是管理学研究中的一种重要方法，通过探索性案例研究考察高管在企业创新中的作用以及对企业创新绩效的贡献。本节将介绍案例方法的选择、样本企业的选择、数据收集、信度与效度保障。

3.2.1　案例方法的选择

案例研究可以是单案例也可以是多案例。多案例研究包括案例内分析和跨案例分析两个阶段，案例内分析把每一个案例作为一个独立的整体进行全面分析，跨案例分析更加注重理论的构建，更关注通过跨案例分析进行抽象和归纳，得到共性的信息和更有说服力的解释。多案例研究结论的可靠性和准确性比单一案例研究更理想、更容易导向定量分析，本书选择探索性多案例研究，能更深入地探索企业创新发展中的共性。

首先，由于本书研究对象高管的特殊性，样本难以大量地获取，所以本书采用探索性多案例研究。采用探索性多案例研究可以掌握更丰富的现象，可以通过案例追踪和企业实践问题捕获，对案例进行更深入的分析。本书还在跨案例分析的基础上，对不同企业高管具有的共性进行抽象和归纳，进而探讨高管影响企业创新绩效的实质，从而增加研究结论的普适性。

其次，高管个性特征影响企业行为决策和创新绩效的因素很多。高管个性特征包括高管个性特质、高管人口特征。高管个性特质包括前瞻性、风险倾向、内控制源、不确定性容忍度、成就需要、开放性、宜人性、外向性、情绪稳定性、自恋、过度自信等。高管人口特征包括年龄、性别、学历、任期、专业背景等。由于影响因素很多，故本书采用探索性多案例研究来考察多家企业高管的共性，从而提炼出主要影响因素。

再次，每家企业都存在于企业网络中，网络嵌入差异会影响企业的创新选择，从而引起企业创新绩效的差异。通过探索性多案例研究进行的总结和归纳，可以寻求网络嵌入对企业创新绩效影响的共性。

最后，探索性多案例研究能够揭示案例背后的实质，多案例不同资料相互印证，也能提高研究效度。

3.2.2　案例企业的选择

选择研究案例需要考虑研究目的，并且遵循典型性原则。作者根据研究目的，依据典型性原则，首先有意识地调研了六家企业，考虑样本的代表性，兼顾信息的可得性，在对六家调研企业进行细致分析的基础上，最终选择了医药制造 A 企业（简称 A 企业）、机械化工 B 企业（简称 B 企业）、锅炉制造 C 企业（简称 C 企业）三家制造企业进行研究。

选择这三家企业是因为它们①所有制性质不同，有国有控股企业也有民营企业；②主要业务经营所在地处于不同省市，处于山东、江苏两个省；③企业规模不同；④行业不同，生产销售的产品不同；⑤ A 企业进行相关多元化生产，B 企业进行非相关多元化产品生产，C 企业专业化生产锅炉单一产品；⑥三家企业的高管有男性也有女性。因此选择这三家企业作为案例研究样本，能够满足典型性原则。各种信息的不同，可以提供跨案例对照的互补性信息，同时保证了案例样本的代表性，也避免了与其他行业的差异，还增加了业务背景的多样性，达到较好的多重验证效果，保证了案例研究的信息效度。

三家企业都是高新技术企业，都经历了自主创新、合作创新、网络创新阶段，企业高管都在企业发展和创新改革中发挥了核心作用。三家企业的共性也能保证通过跨案例分析，能够归纳出影响企业创新绩效的高管的共同特征。三家企业中有两家是上市公司（A 企业和 B 企业），其中有行业龙头企业，有大量的二手资料，包括公司年报、媒体文章、学者的研究文献等。作者与三家企业高管联系紧密，加之作者所在学校与 B 企业的校企合作关系，比较容易获取三家企业的一手资料，包括公司档案资料、调研访谈等。大量的研究资料能使案例研究更全面、更准确地反映现象背后的本质，也能最大限度地保证研究资料的信度。

3.2.3 数据收集

为了保证案例研究的信度和效度，数据收集过程中应遵循罗伯特·K. 殷（2004）研究提出的原则：多证据来源收集；建立案例研究资料库；形成一系列证据链。本书在案例研究数据收集中，采用一手数据和二手数据相结合的方式，不同来源获得的数据可以相互补充和交叉验证。对所收集的数据通过整理分析，建立真实可靠的证据链，从而推断出可靠的研究结论。本书通过调研访谈、企业内部资料、新闻媒体报道、产业或行业报告、企业网站及其出版物等多种方式收集数据资料。企业资料来源如表 3-1 所示。

表 3-1 企业资料来源

企业	访谈时间	访谈对象	网站媒体	档案资料	现场调研访谈
A 企业	2017.10、2017.12、2018.05、2018.10	企业副总裁 W、总裁助理 N、财务部部长 Z	企业网站、国研网、中经网、中国知网等	上市公司定期报告、产品选型手册、企业年度报告等	利用亲戚关系多次到公司交流、参观调研
B 企业	2017.12、2018.04、2018.06、2018.10、2019.03	总经理 H、人力资源部部长 L、财务总监 H	企业网站、市场监督管理局网站、中经网等	企业宣传材料、上市公司定期报告、资质文件、行业发展报告、年度总结报告等	利用校企合作关系多次到企业进行参观调研，并参观生产流水线、对人力资源部和财务部成员进行培训交流

续表

企业	访谈时间	访谈对象	网站媒体	档案资料	现场调研访谈
C企业	2017.10、2018.05、2018.10	技术总监W、人力资源部部长H	企业网站、市政协网站等	企业宣传材料、资质文件、产品选型手册、区政产业升级专题会议资料等	利用朋友、同学关系多次到公司调研、与员工进行多次沟通交流

资料来源：根据访谈记录、企业提供资料及企业网站信息等整理。

本书一手数据主要通过多次实地调研访谈和查阅企业档案资料获得，提前准备了访谈提纲（附录2）。每次访谈前与访谈对象确定好具体的时间，提前将访谈提纲发放给访谈对象，有些访谈对象是作者的亲戚，有些是同学，有些是项目合作者，个别不熟悉的通过亲戚、同学与他们沟通。调研访谈的数据收集工作，主要集中在2017年下半年至2019年上半年。访谈对象主要是案例企业高管本人和特别熟悉高管的相关管理人员，如总裁、副总裁、董事长、总经理、副总经理，人力资源部部长、技术总监等（受访者都是在本企业工作10年以上，大多数受访者在本企业工龄有20多年，非常了解企业发展、熟悉本企业），此类受访者提供的信息准确度比较高。对A企业的副总裁W、总裁助理N、财务部部长Z分别进行了四次深度访谈，对B企业的总经理H进行了两次访谈，人力资源部部长L、财务总监H分别进行了五次深度访谈，对C企业的技术总监W、人力资源部部长H分别进行了三次深度访谈。每次访谈时，征得被访谈者的同意，通过录音笔与笔记的形式记录，每次访谈和讨论持续大约两小时，由项目团队中的三名成员协助对访谈内容进行记录和后期整理。每次访谈结束后及时对材料整理、充分讨论和分析，验证数据是否有误、缺失，如有后续通过电话或微信访谈及时补充与校正，尽量保证案例数据的完整性和有效性。部分一手资料来源于企业内部档案资料、企业内部报表、内部报告、企业新闻稿、企业内部刊物等。

二手资料数据包括企业公开出版的书籍和刊物，在中国知网搜索的相关文献，公司网站、媒体的相关报道，企业宣传报道（其中包括记者们对三家企业高管的访谈，高管参加各种会议的演讲、报告等）。对收集到的数据按照研究需要进行整理，和一手数据进行对比，多方来源的资料互相验证，互相补充完善相关资料，确保资料的准确性和完整性，从而确保研究的可行性和可靠性。案例数据整理后，创建了一个资料库，方便随时查找，解决数据资料使用中可能产生的偏差。

在资料收集过程中，项目团队特别注意案例资料的客观性和真实性，遵循二手资料服从一手资料原则，不清晰和拿不准的资料后续通过与被访谈对象沟通进行补充与校正，以便用比较客观的案例资料建立证据链。

本书采用数据编码和归类的方法对案例样本资料进行分析，资料包括经过验证后的访谈记录、录音文本和二手资料等，案例数据初始编码如表 3-2 所示。参照陈晓萍、徐淑英、樊景立（2012）建议步骤：①案例内分析高管的作用。分析三家企业高管在企业自主创新、合作创新、网络创新中的作用，对三家企业的发展分别进行深入剖析。②内容分析与编码。对涉及的三个主要构念——高管、网络嵌入、企业创新绩效，依据它们在三个创新发展阶段中的不同作用分别进行编码。③跨案例分析与归纳，寻找案例之间的异同点。归纳出企业不同创新阶段影响企业创新绩效的构念编码，即归纳出高管个性特质、网络嵌入的维度。④归纳主要构念之间的关系。汇总所有数据资料，依据案例间分析归纳的构念编码，结合案例内分析，汇总归纳三个构念编码之间的关系，并用图表的形式展示，为后面提炼命题提供证据资料支撑。

表 3-2 案例数据初始编码

序号	数据来源	数据分类	编码
1	一手资料	通过半结构化访谈、开放式访谈获取的资料	A1
2		通过企业内部资料和地方志获取的档案数据	B2
3		通过电话、邮件非正式访谈获取的数据	C3
4		通过实地调研参观获取的数据	D4
5	二手资料	通过企业官方网站、官方微博、微信获取的资料	a1
6		通过期刊文献、硕博论文、报纸等公众媒体获得的数据	b2
7		通过社会媒体报道、宣传册、内部演示 PPT 等获取的资料	c3

3.2.4 信度与效度保障

本书用探索性案例研究方法探析高管对企业创新绩效的影响，需要保障案例研究的信度和效度，从而确保研究结论的有效性。

1. 保证信度，采取的措施

（1）各种资料交叉验证。本书采用多种渠道获取一手资料和二手资料，通过对企业高管的开放式访谈、企业的内部资料、企业网站、新闻媒体报道、产业报告、企业年报、各种出版物等多种数据来源收集方法。一方面，资料来源的多样性，可以对研究数据进行相互补充和交叉验证；另一方面，不同被访谈者提供的资料可以提升研究的可信度。

（2）同时使用多种资料采集工具获取一手资料。在每次访谈前，尽力征求对方的同意，使用录音笔、手机录音、笔记等对访谈内容进行记录。访谈结束后，参与访谈的三位研究者，分别对访谈记录进行整理，不确定的问题进行讨论，以保证记录的资料可靠性比较高。

（3）多轮次访谈。本书对三家企业的相关人员在不同时间进行了多次访谈，避免了单次访谈的交流不充分、资料不完备，多次访谈确保掌握全面、完整的数据资料。

（4）将各种一手资料和二手资料进行整理，建立了一个数据库，解决数据资料的构建信度，同时方便随时查找资料。

2. 保障效度，采取的措施

（1）信息提供人参与纠偏。与三家企业的受访者多次交流沟通，请他们对案例分析的内容、案例资料的编码结果等进行检查和核实、提供建议，确保得到的研究结论基于他们的真实意图，符合企业实际情况。

（2）科学合理使用证据。通过多个信息来源得到的多种证据，描述了高管在企业不同创新阶段中的贡献、参与过程及结果，体现出高管、网络嵌入、企业创新绩效之间的关联关系。合理使用各种一手资料和二手资料，厘清各个构念之间的因果关系，符合案例研究固有的逻辑。

3.3 案例企业简介

表3-3所示为案例企业基本信息，依据案例研究的通常做法，考虑到保密需要，对案例企业进行匿名处理，以字母代码和所处行业来代替。

表3-3 案例企业基本信息

项目	医药制造A企业	机械化工B企业	锅炉制造C企业
成立时间	1952年	1989年	1954年
员工人数	4600余人	3000余人	2000余人
企业性质	国有企业改制为股份制企业，隶属央企	民营企业（家族企业）	国有企业改制为股份制企业
销售额（人民币）	2019年第三季度末29.86亿元	2019年年末21.66亿元	2019年年末10.1亿元
主要产品	生物中药、生物保健品、生物西药	打包机和剪断机、再生资源板块、化纤等	A级锅炉和压力容器

资料来源：根据相关资料整理。

3.3.1 医药制造A企业

A企业于1952年成立，1993年由国有企业改制为股份制企业，于1996年上市。截至2019年上半年年末，有员工4600余人，企业总资产132.32亿元，总市值400多亿元。A企业主要生产销售生物中药、生物保健品、生物西药三大类产品，出口东南亚及欧美等十几个国家。拥有行业唯一的国家胶类中药工程技术研究中心，345项专利，系国家高新技术企业、国家级创新型企业、国家综合性新药研发技术大平台产业化示范企业。A企业已经搭建多个全国唯一、行业唯一的技术平台，为技术创新提供了坚实的基础保障。与北京大学、浙江大学、哈尔滨工业大学、山东大学、东京药科大学等国内外30多家高校和科研院所建立紧密的合作关系。2014年11月荣获国家产学研合作创新奖。与华东理工大学生物反应器工程国家重点实验室共同建立生物工程研究所，承担多种生物药的临床前研究，承担包括“重大新药创制”科技重大专项等国家级科研项目20余项。

3.3.2 机械化工B企业

B企业始创于1989年，是专业制造再生资源加工设备的国家火炬计划重点高新技术企业。目前B企业已发展壮大成为国内再生资源加工成套装备的规模化生产基地，下辖13家子公司，系中国制造业500强、中国民营500强企业。B企业已形成机械装备、化纤、建材、汽车内饰件等多个产业并进的产业集团。B企业始终坚持“科技兴企”的发展战略，建立了完整的科技开发创新体系，出台了一系列创新激励机制。B企业科技研究所自行设计、研制、开发的系列产品已申请多项专利，B企业先后被授予江苏省高新技术企业、江苏省科技星火龙头企业。B企业集团及下属子公司拥有国家级博士后工作站、院士工作站、研究生工作站、江苏省液压工程技术研究中心、江苏省认定企业技术中心在内的“三站两中心”，分别与同济大学、南京航空航天大学等高校建立了校企合作；销售网络遍布全球，产品远销欧洲、亚洲、美洲等30多个国家和地区，与之相配套的遍布全球的服务网络与办事处为快速响应用户需求提供了保证。

上市子公司B1是B企业集团下属的骨干企业，自2011年上市后，已形成再生资源加工装备的设备提供和解决方案提供商，辅以电梯精密部件制造，实现了双轮并行发展的格局，有2家全资子公司和1家控股公司。B企业是国内废旧物资回收机械行业的知名企业，目前也是亚洲最大的液压打包机械生产基地。已获国家专利108项、发明专利35项，其中两项发明专利填补了国内空白。公司自行研发的液压金属打包机、液压废金属剪断机于2004年通过江苏省新技术产品和科技成果鉴定，液压机械在国内市场占有率达60%以上。

3.3.3 锅炉制造C企业

C企业始建于1954年，是清洁能源产业代表性企业，中国定点生产A级锅炉和压力容器的大型骨干企业，国内最专业的循环流化床锅炉制造企业。C企业集研发、生产、安装、改造、电站工程总承包、环保工程总承包和技术咨询服务于一体，先后开发了中国第一台循环流化床发电锅炉；引进消化国外生物质发电技术，生产了中国第一台30MW纯燃生物质发电锅炉。2015—2019年，C企业共取得国家实用新型专利34项、国家发明专利1项，是全球最大的生物质锅炉制造基地，属于省高新技术企业，是中科院工程热物理研究所确认的中试基地，循环流化床发电锅炉产销量位居行业第一。C企业经常与美国、德国、荷兰、日本等国家进行技术交流与合作，产品畅销全国以及日本、越南、比利时、新加坡、巴基斯坦、印度等十几个国家和地区。

3.4 案例数据分析

本书借鉴哈堪森和斯涅何塔（Hakansson，Snehota，1995）企业网络动态发展的观点，将企业发展分为自主创新、合作创新、网络创新三个阶段。在企业层面，企业充分利用自身的资源、能力进行自主创新；随着技术、市场的发展变化，企业通过与其他组织合作来获得创新所需要的外部资源，进行合作创新，降低企业创新过程中的风险和不确定性；企业合作网络促进了利益相关者之间的合作，形成组织间知识、信息的流动和共享，这又进一步促进了企业网络成员多方合作进行网络创新。

3.4.1 案例企业阶段划分

1. A企业发展阶段

A企业经历了两次革命性的飞跃：第一次是技术创新，实现了产品全部工业化生产，为传统中药生产注入了现代科技；第二次是探索建立产品的质量标准，掌握了国内外市场产品质量标准的话语权。A企业最初是借助自身优势来进行自主创新的。随着社会的发展、技术的进步、社会网络的普及，A企业逐渐与供应商、经销商、高校等科研单位进行战略合作，形成庞大的产业链网络、研发网络、营销网络，共同研发创新。

（1）自主创新阶段

此阶段对应于创新能力的探索与开发阶段，企业充分利用自身的资源、能力进行自主创新。社会资本理论认为，个人的社会关系特别是高管的个人网络在建立企业核心竞争力、获取高绩效方面有非常重要的作用。这些作用在 A 企业发展初期进行自主创新阶段尤为明显。当时面对不完善的正式化的市场系统，企业需要依靠非正式的因素进行创新，特别是 A 企业高管利用个人正式和非正式的外部社交网络促进企业的管理创新和技术创新。在他们的坚持与拼搏下，利用各利益相关方管理者的私人关系，创造各种条件，提升企业的创新能力，增强企业的竞争优势。

（2）合作创新阶段

企业发展初期，企业与供应商之间的业务关系可以被看作双方独立建立的。但是 A 企业打造“全产业链”发展模式，构建从产业链上游的原材料养殖收购，到中游的加工工艺创新，再到下游的终端服务网络的全过程质量管控体系。产业链作为一种介于市场和企业之间的中间组织，改变了企业之间的关联方式。产业链内组织间的关系更多的是合作关系，形成组织间关系网络。A 企业的主要伙伴合作关系如表 3-4 所示。

表 3-4　A 企业的主要伙伴合作关系

合作伙伴	合作目的	合作内容
供应商	原料供应	购买原料
银行	产业扶贫合作，理财	产业扶贫合作，投资理财
农户	原料供应	原料供应，产业示范基地，产业扶贫合作
华润集团	强强联合	最初的资金支持控股 A 企业，内部销售渠道资源共享
客户	产品销售	产品销售
媒体（电视、微博等）	宣传推广、销售	宣传推广、销售
政府机构	获得政策支持，提供服务	为政府提供服务、纳税等
行业协会	与行业内企业技术合作、产品研发，扩大市场影响	建立合作框架协议，通过技术共享和业务合作，共享信息资源和客户资源
科研单位	合作研发新产品，把握科研前端发展方向	利用科研单位的技术研发优势弥补高新技术开发的质量和速度

资料来源：作者整理。

为了企业持续发展、合作共赢，企业嵌入各利益相关者的合作关系网络中，A 企业与原料合作伙伴形成紧密的合作关系，与国内外高校等科研单位形成研发合作关系，与经销商、分销商等形成营销合作网络。A 企业作为行业的龙头企业，占据了产业链的控制优势，形成了特有的网络优势。在山东、内蒙古、辽宁等省建立了原料基地，同时在国外多个国家建立了采购网络，掌控了原料收购终端，并且与 OTC 终端、商超、医院形成紧密联系，自建连锁直营店，掌控了营销终端，形成了整个产业链掌控的模式优势。与百强连锁企业形成了稳固的战略合作，处于明显的网络优势。A 企业在总裁 Q 的领导下，管理创新提升明显，企业形成全产业链质量控制、平台优势，产品研发、技术领先优势，行业标准优势，具有不可复制的竞争优势。为了企业持续发展，合作共赢，除了供应商、经销商、政府及科研单位，还有其他相关方的参与，提供了信息、技术、劳动力等资源。A 企业合作网络的动态形成过程如图 3.2 所示。

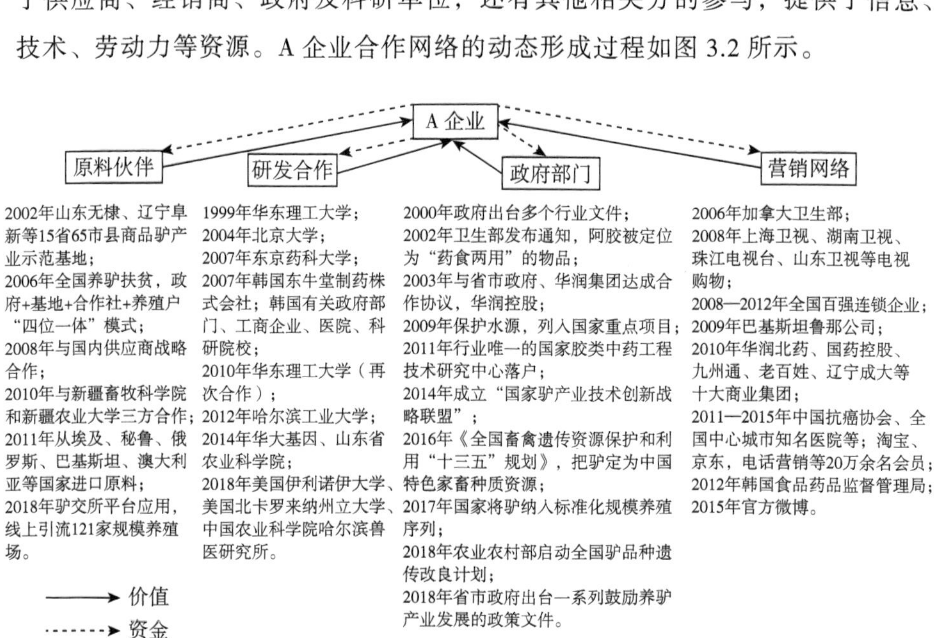

图 3.2　A 企业合作网络的动态形成过程

资料来源：作者整理。

（3）网络创新阶段

这一阶段，A 企业从一个产品制造者开始向资源整合者转变。组织供应商、客户、科研单位、政府等形成以 A 企业为核心的大型网络组织，如聘请吴常信等 5 名院士及 14 所高等院校、科研院所组建国家产业技术创新战略联盟；推进"政府 + 企业 + 银行 + 基地 + 合作社 + 规模化养殖户"的发展模式，实现"企业发展、群众致富、政府收益"；与 36 家千万级医药连锁、亿级医药商业客户以及 13 位顾问共同成立"千亿俱乐部"，全面启动 A 企业与大客户的战略合作。A 企业建有国家级技术中心、博士后工作站等多个研发平台，把多学科多领域的院士、博导、教授等全国顶尖技术人才，通过合作、资源共享等方式整合为企业自己的人才。通过知识共享、技术互补，A 企业持续开发新技术、新产品，获取自有知识产权，增强核心竞争力。A 企业先后获得 30 余项国家专利等科研成果，同时完成国家级科研技改项目、新产品新技术产业化项目近 20 项，研制成功 3 种生物高技术产品，成为国家高新技术优秀企业。企业嵌入所处社会网络组织之中，A 企业与原料合作伙伴形成紧密的供应链网络，与国内外高校等科研院所形成研发网络，与经销商、分销商、农户以及终端网点等形成庞大的营销网络，组建国家产业技术创新战略联盟。这些合作网络相互交织，形成以 A 企业为焦点企业的网络组织。企业的具体参与方及其相互联系，运用 UCINET6 软件画出以 A 企业为焦点企业的网络组织图，即 A 企业所处网络组织图，如图 3.3 所示。

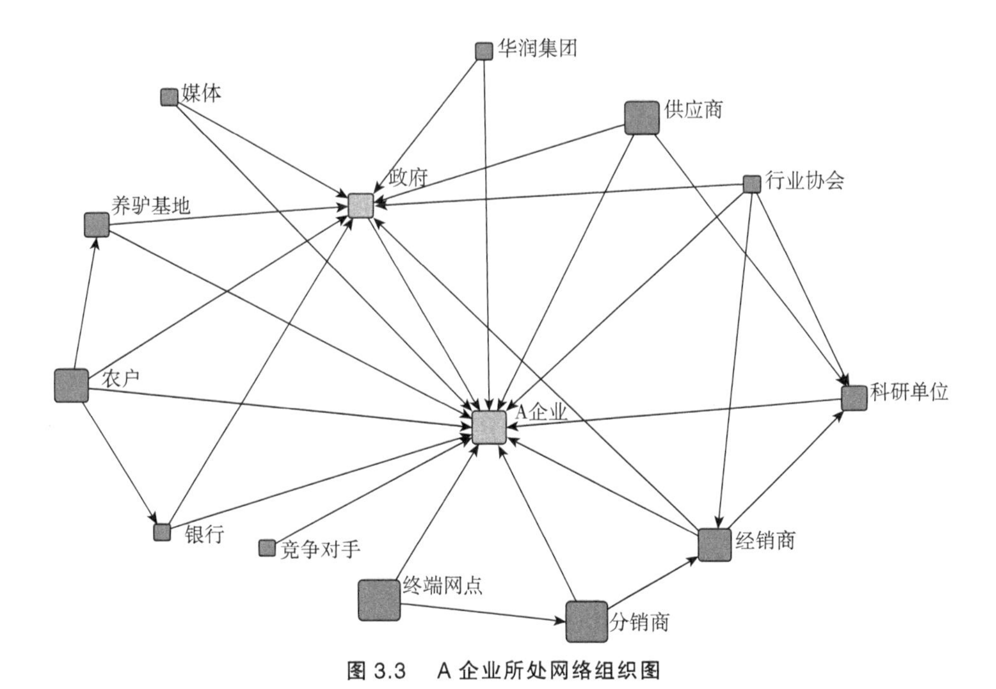

图 3.3　A 企业所处网络组织图

2. B 企业发展阶段

（1）自主创新阶段

B 企业作为一家高新技术企业，一直坚持研发和创新适合市场的产品，进行持续的自主创新及研究项目储备。坚持新产品、新工艺的研发，非常重视技术创新和研发投入，企业科技研究所自行设计、研制、开发的系列产品已申请几十项专利。B 企业注重客户需求，产品研发针对市场需要和行业发展趋势，其中自主创新的两项发明专利，填补了国内空白。B 企业自行研发的液压金属打包机、液压废金属剪断机于 2004 年通过江苏省新技术产品和科技成果鉴定，液压机械在国内市场占有率达 60% 以上。

（2）合作创新阶段

2008 年 B 企业启动了引入现代管理团队、建立现代企业制度、强化企业管理的步伐，企业的研发优势、客户优势、全球供应链优势都逐渐显现。在总经理 H 的推动下，B 企业相继与同济大学、南京航空航天大学、浙江大学等知名大学进行深度合作。B 企业及下属子公司拥有国家级博士后工作站、院士工作站、研究生工作站、江苏省液压工程技术研究中心、江苏省认定企业技术中心在内的“三站两中心”；产品远销欧洲、亚洲、美洲等 30 多个国家和地区，与之相配套的遍布全球的服务网络与办事处为快速响应用户需求提供了保证。B 企业合作网络的动态形成过程如图 3.4 所示。

（3）网络创新阶段

B 企业相继与同济大学、南京航空航天大学、浙江大学等高校科研院所成为科技合作伙伴，同时聘请了一些科学家担任公司技术顾问，企业已经建立起完整的科技创新体系，形成了机械装备、化纤、建材、汽车内饰件等多个产业齐头并进的良好局面。B 企业大力推行新产品研发及工艺技术改进工作，获得各级政府的大力支持。例如，2018 年市政府拨付企业技术改造专项资金 128.41 万元、省政府拨付企业科技成果转化贴息补助专项资金 224 万元。为了解市场需求，满足客户需要，B 企业与客户定期举行答谢会。例如，2019 年的东北区现场观摩暨废钢加工设备大客户答谢会，2018 年的广东现场观摩暨客户答谢会。与客户的紧密联系，形成了以 B 企业为中心的跨越 30 多个国家和地区的营销网

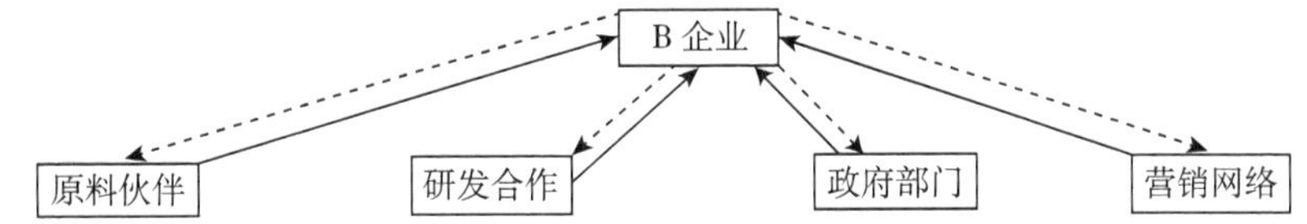

2008年主要供应商：江苏开源钢管有限公司、江阴市杭泰金属物资有限公司等；
2009—2011年主要供应商：江阴良卿机械有限公司、江阴市诚昌机械有限公司、江阴天翔机械制造有限公司、常州力安液压设备有限公司；
2012年主要供应商：江苏开源钢管有限公司等；
2018年供应商大会。

2009年与同济大学研发合作；
2009年参与制定和修订工信部组织的主要行业标准；
2011年与浙江大学、东南大学、江苏大学、南京航空航天大学等院校建立产学研的合作创新；
2017年建立国家级博士后工作站、院士工作站等"三站两中心"。

2006年国家火炬计划重点高新技术企业；
2008年江苏省高新技术企业；
2009年江苏省创新型企业；
2009省级企业技术中心；
2010年国家火炬计划重点高新技术企业；
2018年收到市企业技术改造专项资金128.41万元；
2018年收到江苏省科技成果转化贴息补助专项资金224万元。

2008年与广东合润再生资源有限公司合作；
2008年大客户：南非ALEX TRADING CC公司、湖北兴业钢铁炉料有限责任公司等；
2009年大客户：甘肃联丰废金属处理有限责任公司、天津市继泰废旧物资回收有限公司、内蒙古建邦商贸有限责任公司等；
2014年与湖北鑫合达钢铁炉料有限公司合作；
2014年形成欧洲、亚洲、美洲等30多个国家和地区的销售网络；
2018年广东现场观摩暨客户答谢会；
2019年东北区现场观摩暨废钢加工设备大客户答谢会。

——▶ 价值
- - -▶ 资金

图 3.4 B 企业合作网络的动态形成过程

资料来源：作者整理。

络。同时，B 企业与供应商也形成合作联盟，为了加强合作，定期与供应商举行供应商会议。例如，2018 年的供应商大会，与主要供应商建立的关系，有助于提供重要的知识渠道，可以增强企业的创新能力。B 企业与国内外的主要客户、供应商建立了紧密的合作关系，一直保持着牢固的市场关系，逐渐形成了稳定的价值链管理体系，加上企业高管对行业的敏锐洞察力，使企业在行业内具有较强的竞争实力，目前是亚洲最大的液压打包机械生产基地。供应商、客户、政府、科研单位以及其他相关方的参与，提供了信息、技术、劳动力等资源，保障了企业正常运营，各相关利益方的相互联系，形成了以 B 企业为焦点企业的网络组织。运用 UCINET6 软件画出以 B 企业为焦点企业的网络组织图，即 B 企业所处网络组织图，如图 3.5 所示。

3. C 企业发展阶段

（1）自主创新阶段

C 企业主要是订单式生产，一般产品都是自主创新。环境优越、设施完备的 C 企业技术中心，1997 年被认定为省级技术开发中心，是中国锅炉行业最先进的技术中心之一。该中心具有国能电力集团公司国家级实验室的核心结构，并为企业一流独特的研发设计创造了良好条件，拥有由260名科技人才组成的技术团队，为技术精湛的研发创新奠定了坚实的基础。

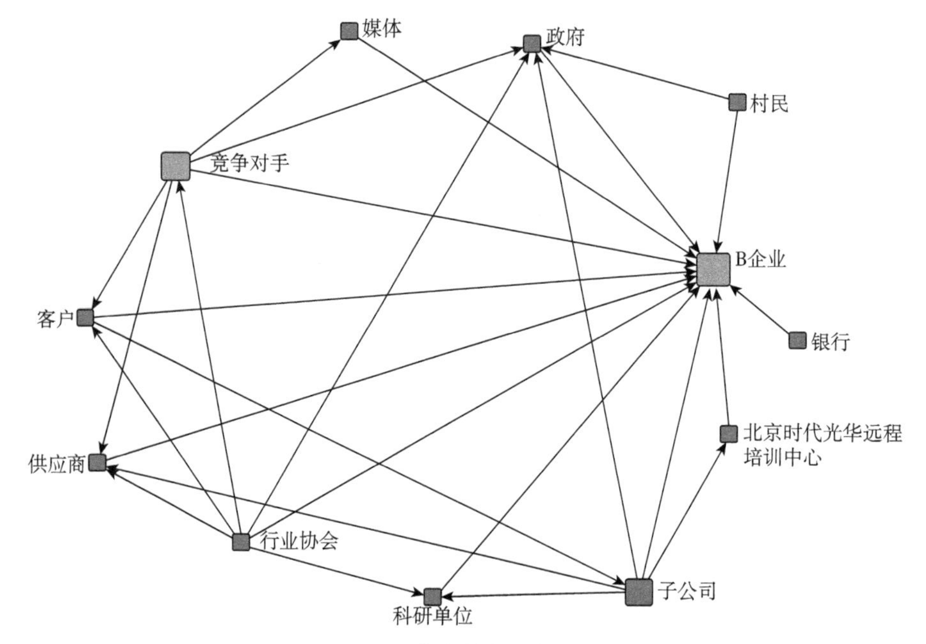

图3.5 B企业所处网络组织图

（2）合作创新阶段

2015年C企业与中科院进行院企合作、产研结合，对循环流化床锅炉技术着力进行完善创新，入选国家第二批达到能效指标要求的锅炉产品目录。作为省高新技术企业，C企业具有进出口经营权，是世界最大的生物质锅炉制造基地，与中科院工程热物理研究所、山东大学等技术合作建立了中试基地，也是享誉全球的循环流化床研发基地。C企业与清华大学、西安热工研究院等国内高校、科研院所等进行产学研合作，形成研发合作网络，企业员工到高校参加培训，大学教授到企业进行技术指导。同时C企业与美国、德国、荷兰、南非、日本等国家进行技术交流与合作，订单制产品畅销全国并远销日本、越南、比利时、新加坡、巴基斯坦、印度尼西亚等十几个国家和地区，与客户形成营销合作关系网络。C企业合作网络动态形成过程如图3.6所示。

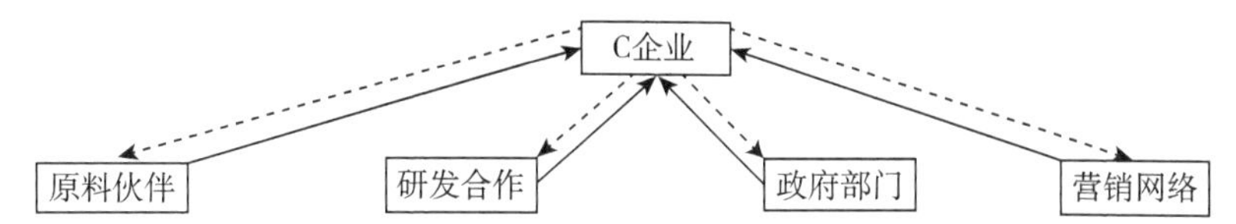

天津宁信钢铁贸易有限公司；
江苏泓明金属制品有限公司；
山东福伟达管业有限公司；
无锡上浦特钢有限公司；
罗盖特连云港有限公司；
杭州杭辅电站辅机有限公司。

1986年，与中科院工程热物理研究所合作研制产品；
1997年中科院工程热物理研究所的第一家中试基地落户C企业；
2006年引进丹麦BWE公司技术；
2008年取得欧洲ISO 3834-2认证；
2013年与华北电力大学生物质发电成套设备国家工程实验室合作研发；
2015年与山东大学技术合作建立中试基地；
与清华大学、西安热工研究院等进行产学研合作，形成研发合作网络。

2009年通过ISO 9001质量管理体系认证；A级国家锅炉资质；
2010年获得70万元的市财政经费补贴；
2013—2022年每年都有产品列入省技术创新项目计划；
2013年荣获“第三届低碳山东标杆单位”和“2013年度低碳山东贡献单位”称号；
2014年省优秀企业技术中心；
2015年获“国家安全生产标准化二级企业”；
2017年获得高新技术企业认证；
2020年再次通过高新技术企业认定；
2021年产品入选工信部《“能效之星”装备产业目录(2021)》。

1990年与印度尼西亚合作；
2010—2013年大客户：山东高唐县、河北威县、江苏射阳县、黑龙江望奎县、吉林辽源市、河南浚县等生物质发电厂，占国内市场的50%以上；
2012年与德普新源科技发展（波兰）有限公司合作；
2013年与巴基斯坦奥林匹亚化学有限公司合作；
2013年济南玮泉生物发电有限公司；
2015年与湖北松源矸石发电有限公司、印度尼西亚AKG公司、土耳其穆特鲁拉电厂等合作；
2018年与保加利亚SVILOCELL公司签订总承包合同；
与十几个国家和地区合作，全国660多家售后服务网点，9万多名用户。

——→ 价值
----→ 资金

图 3.6 C 企业合作网络动态形成过程

（3）网络创新阶段

2007 年，C 企业从国有企业改制为股份制企业，外来股东百分百控股后，管理机制走向市场化，发展方向渐渐显现偏差，订单量跌入低谷，面临市场销售困境，员工的向心力和凝聚力不足，公司失去活力，处在危险边缘。总裁 Y 上任后，将百分之百的股权回购到员工手中，近 90% 的员工参与入股，然后大刀阔斧地进行技术创新。2015 年 C 企业与中科院进行院企合作、产研结合，对循环流化床锅炉技术着力进行合作创新。总体来看，从 2015 开始，C 企业技术创新和管理创新（如战略规划、用人、领导与控制等方面）能力逐渐增强，经营业绩逐年递增，订单逐年增加，产品销往十几个国家和地区。供应商、客户、政府、科研单位及其他相关方的参与，提供了信息、技术、劳动力等资源，保障了企业正常运营，各相关利益方的相互联系，形成了以 C 企业为焦点企业的网络组织。运用 UCINET6 软件画出以 C 企业为焦点企业的网络组织图，即 C 企业所处网络组织图，如图 3.7 所示。

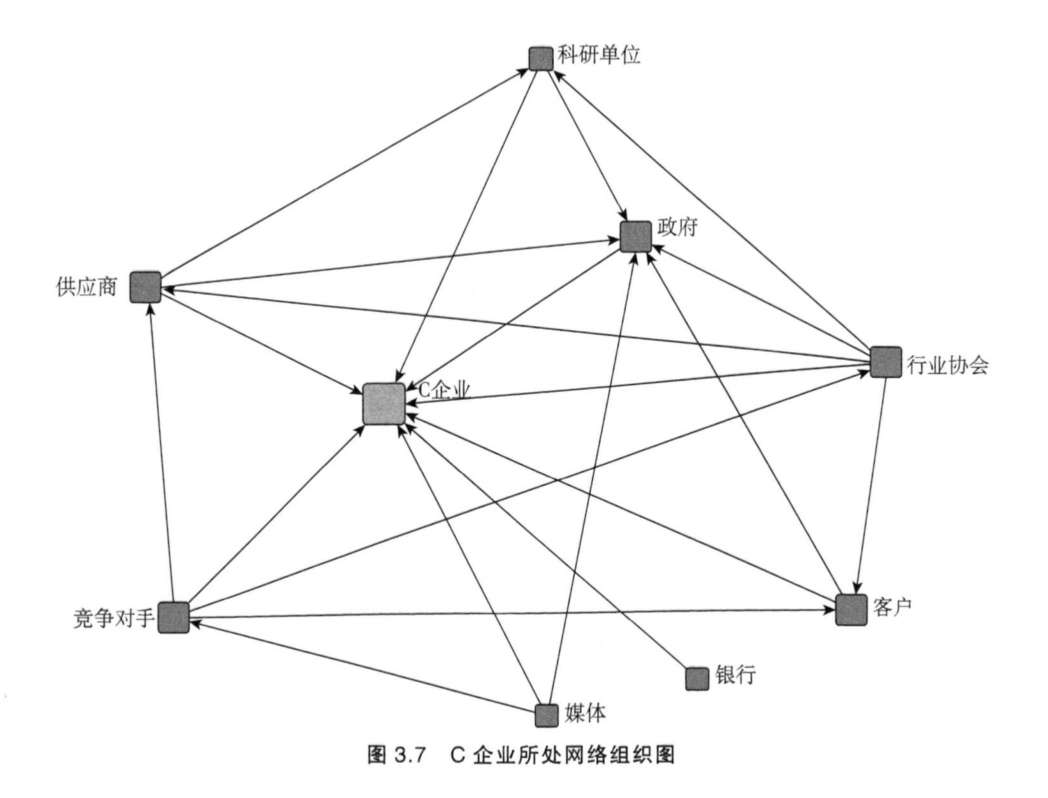

图 3.7 C 企业所处网络组织图

3.4.2 内容分析与编码

1. 高管个性特质

A 企业董事长、总裁（党委书记）Q，男，1958 年出生，高级工程师，执业药师，本科学历。1974 年进入 A 企业工作，从基层做起，历任科长、处长、副总经理，曾经在质量、研发、技改等岗位工作，也从事过采购供应、生产制造、市场营销等工作。全国人大代表，国际驴产业技术创新战略联盟理事长，南京中医药大学兼职教授、中国传媒大学实践导师。获发明专利 4 项，省部级重大科研技改项目 10 余项，省科技进步一等奖 3 项。

B 企业副董事长和总经理 H，女，1975 年出生，本科学历，曾任副镇长。1997 年大学毕业，应聘到镇政府工作。在政府机关工作了 8 年后，H 空降到 B 企业，此时的 B 企业在国内市场已占有一席之地。但 H 认为，父辈打下的江山需要守住，更需要突破。H 提出："市场竞争激烈，企业要想稳固市场份额，提升市场影响力，就必须不断加大力度，持续进行科技创新，尤其是产品创新。"

C 企业董事长、总裁（党委书记）Y，1963 年出生，硕士研究生学历，高级工程师。1983 年 7 月进入 C 企业，一直在 C 企业工作，任职该集团有限公司总裁后，注重技术创新，每年都有创新产品列入省技术创新项目计划。2013 年、2015 年 Y 多次荣获"济南市优秀企业家"荣誉称号，组织申报的项目多次获得省、市科技进步二等奖、三等奖。

根据企业网站、社会媒体报道、期刊文献等公开资料，档案资料、实地访谈、电话、邮件等资料，对三家企业的高管个性特质进行编码，如表 3-5 所示。

表 3-5　高管个性特质资料例证与编码

主体构念	企业	典型证据援引	一级编码	二级编码
高管个性特质	A 企业	"我给我们研发提的目标，就是领先 20 年，只有这样才有自信与开放。" A 企业 Q 接受记者采访时说道。从 2006 年开始，A 企业大手笔整合资源，利用生物技术对传统中药进行产品创新。（A1，D4） Q 眼光比较长远，善于发现问题，能充分把握机会。（A1：A 企业总裁助理 N）	超前意识、捕捉机会	前瞻性
		Q 喜欢接受挑战，对事物具有十分敏锐的洞察力；在复杂激烈的市场环境中能做出大胆的决策。（A1：A 企业副总裁 W）	对感知到的风险积极乐观	风险倾向
		"我认为企业未来的空间应该是通过创新来驱动，科技创新成了公司发展的新引擎。融入科技，持续创新，才能更好地传承，并赢得市场的尊重，多年的科研成果积累和过硬产品质量将使公司走得更远。"（A1：A 企业总裁 Q）	目标导向	成就动机
		待人热情友好，比较有亲切感，人脉比较广；与买家、卖家、政府、金融部门等管理者沟通交流比较多，与很多家企业老总是校友、同学，经常联系。（A1：A 企业总裁助理 N） Q 是第十一、十二、十三届全国人大代表；经常与各合作伙伴进行沟通交流；与政府、金融部门等管理者沟通交流比较多。（B2，a1） Q 是几个合作学校的兼职教授、实践导师，与很多高校、科研院所联系比较多。（A1：A 企业财务部部长 Z）	外向、善于交际	外向性

续表

主体构念	企业	典型证据援引	一级编码	二级编码
高管个性特质	B企业	“商业经济领域才是一个真正需要不断追求和超越自我的领地：它需要平稳，但更需要创新；需要常规，但更需要超常；需要坚守，更需要突破。”（A1：B企业总经理H）	超前意识、追求卓越	前瞻性
		喜欢接受挑战；善于在复杂激烈的市场环境中做出大胆的决策；不断尝试新的想法，进行技术创新和管理创新。（A1：B企业财务总监H）	接受挑战	风险倾向
		“市场竞争激烈，企业要想稳固市场份额，提升市场影响力，就必须不断加大力度，持续进行科技创新，尤其是产品创新。”（b2）	寻求新途径实现目标	成就动机
		H待人热情，随和，比较有亲切感，没有官架子，与下属等相处得非常融洽。（A1：B企业人力资源部部长L） 在政府机关里待了8年，迈入B企业的大门，成了一名执掌3000余名员工的大企业集团优秀管理者。（c3） 在多家企业持股，经常与各合作伙伴进行沟通交流，与相关单位的领导经常联系。（A1：B企业人力资源部部长L）	合群、易共处、外向、善于交际	外向性
	C企业	Y在遇到困难时，一般都能冷静从容地应对，找到多个解决问题的方法；善于捕捉机会。（A1：C企业人力资源部部长H）	发现、捕捉机会	前瞻性
		Y在上任时，外来股东百分之百控股，集团的订单量跌入低谷，员工的向心力和凝聚力不足，企业失去活力，处在危险边缘。Y提出“企业要想大发展，必须让企业员工掌权”，经过一年的努力，Y终于将百分之百的股权回购到员工手中，从普通工人、技术骨干、中层干部到高层领导，近90%的员工都已参与入股，一起为集团的未来拼搏。（B2，C3） Y喜欢接受挑战，能在不确定的环境做出大胆的决策；做事始终精神饱满，充满活力；鼓励进行技术创新。（A1：C企业技术总监W）	乐于尝试、接受挑战	风险倾向
		“做企业都会遇到瓶颈期，困难最怕坚持，更怕解决方法！”“我是一个朴实的人，喜欢干实事的团队。我们不擅华丽的辞藻，但是一支能打硬仗的团队！我坚信，成功的路始终在远方，我们将不懈奋进！”（A1：C企业总裁Y）	追求卓越、坚持目标	成就动机
		Y做事积极主动，有魄力，用实干带领集团逐步成为国内外锅炉产品制造业的领军者，亲自带领商务技术团队多次赴土耳其拜会银行投资机构、当地政府电力和环保部门，考察生物质燃料情况，努力打消该客户对生物质电厂的疑虑，并获得了他们的信任。（c3） 与地方政府、金融部门等管理者沟通交流比较多。（A1：C企业技术总监W）	积极乐观、外向、善于交际	外向性

资料来源：作者整理。

2. 网络嵌入获取网络关系

业务关系是在一个互动的过程中随着时间的推移而发展的，与主要供应商和客户的关系，由于双方的相互作用而不断发生变化。组织间关系在企业中扮演着重要的角色。一般来说，有限数量的关系对企业绩效有着深刻的影响，大多数企业只有少数的主要客户和供应商，占其销售和采购总额的主要部分。无论人们使用何种绩效指标，这些少数的主要客户和供应商及与第三方的关系对于企业绩效的作用是决定性的，可以说一个企业的绩效取决于关系，关系和绩效之间的联系是双向的。整体绩效取决于个体关系中的绩效，但同时，影响企业在给定关系中能力的，是整个关系中的绩效。

两个组织之间可以互相获取和使用资源，它们的一些资源被整合在一起。随着时间的推移，两个组织之间的关系得到进一步发展，两个组织不同类型的资源得到不同程度的激活，各种资源相联系，两个组织的资源被捆绑在一起。两个组织的不同元素（有形的和无形的）成为一体，也可能出现新的资源组合，形成新的资源。由于关系是获取资源的宝贵桥梁，关系本身也可以被视为资源，因此两个组织之间的关系是将各种资源元素联系在一起的资源。

总的来说，资源的可用性为企业可以进行的活动提供了机会和限制。一家企业与其他组织发展的关系对于可用资源的收集非常重要，还会影响到每个组织所能做的事情，使调动和利用他人的资源成为可能，以达到企业自己的目的。三家企业通过网络嵌入进行合作创新和网络创新，获得了更多的创新绩效。企业不同创新阶段的行为与结果编码如表3-6所示。

表3-6　企业不同创新阶段的行为与结果

企业	高管	创新阶段	行为举措	典型证据援引	概念化	结果	阶段性成果
A企业	总裁Q	自主创新	技术创新	拥有345项专利，其中37项被纳入国家标准。2017年专利授权68项，申请专利92项（A1，a1，c3）	—	拥有更多数量的专利权	绩效提升
		合作创新	产学研合作	A企业与北京大学、东京药科大学等国内外30多家高校和科研院所建立紧密的合作关系，2014年11月荣获国家产学研合作创新奖（C3，a1，b2）	网络关系强度	每年的经营业绩稳定持续增长，远远地甩开其他竞争对手（A1，B2，a1，b2，c3）	竞争优势明显

续表

企业	高管	创新阶段	行为举措	典型证据援引	概念化	结果	阶段性成果
A企业	总裁Q	网络创新	产业链网络	A企业推进“政府+企业+银行+基地+合作社+规模化养殖户”的发展模式（A1，B2，a1，b2）	网络密度	连续10届入选“中国500最具价值品牌”，连续三年“健康中国品牌榜”冠军（C3，a1）	龙头企业
			产业技术创新战略联盟	联合中科院院士及14所高等院校、科研院所组建国家产业技术创新战略联盟（A1，B2，a1，b2）			
			营销网络	与36家千万级医药连锁、亿级医药商业客户以及13位顾问共同成立“千亿俱乐部”，全面启动A企业与大客户的战略合作（A1，a1，c3）			
B企业	总经理H	自主创新	技术创新	产品设计、工艺流程等方面已经拥有42项专利	—	拥有更多数量的专利权	研发技术绩效显著
		合作创新	与政府联系紧密	省市支持力度大，2018年获得市企业技术改造专项资金128.41万元；2018年省科技成果转化贴息补助专项资金224万元（a1，b2）	网络关系强度	“江苏省星火龙头企业”，科技部认定为“国家火炬计划重点高新技术企业”（A1，a1，c3）	区域竞争优势明显
			研发合作伙伴关系紧密	集团及下属子公司分别与同济大学、南京航空航天大学等高校建立了校企合作；定期邀请专家到企业授课，提升员工和管理人员的整体素质和专业知识（a1，c3）		每年效益都实现了两位数的百分比增长（A1，a1，b2，c3）	
		网络创新	供应商网络	定期召开供应商会议，与供应商“共享、共创、共荣”（a1，b2，c3）	网络密度	再生资源行业龙头企业（A1，a1，b2，c3）	利润增加，创新绩效提升
			战略联盟、协会成员	江苏省金属循环应用装备产业技术创新战略联盟成员；中国循环经济协会常务理事单位；中国物资再生协会副会长单位；国际回收局（BIR）黄金会员等（a1，b2，c3）			
			营销网络	定期举行大客户答谢会；集团下属子公司的销售网络遍布全球，产品远销欧洲、亚洲、美洲等30多个国家和地区（A1，a1，b2，c3）			

续表

企业	高管	创新阶段	行为举措	典型证据援引	概念化	结果	阶段性成果
C企业	总裁Y	自主创新	技术创新	Y任职以来，全年无休，以创新产品叫板国际市场，以魄力整顿企业管理、强化产品质量，用汗水浇筑国家专利34项（A1，a1，c3）	—	填补了我国乃至国际130t/h级别超高压生物质锅炉的空白（a1，c3）	专利数增加
		合作创新	政府助力创新	政府各类创新基金助力企业创新；政府采购也较大促进企业创新（A1，B2，D4，a1）	网络关系强度	C企业成为国内外锅炉产品制造业的领军者（A1，a1，c3）	效率提高、业绩提升
			与合作伙伴联系紧密	同美国、德国、荷兰、南非、日本等国家进行技术交流与合作；与中科院工程热物理研究所、清华大学、西安热工研究院等进行技术开发、产品研制、技术交流、人才培养等方面的合作（A1，a1，c3）			
		网络创新	产业链网络	国内高校、研究所共同研发、人才培养等；与国外进行技术交流与合作；与日本、比利时、新加坡等十几个国家和地区形成营销网络（a1，c3）	网络密度	国际知名的循环流化床研发基地和全球最大的生物质锅炉制造基地（A1，a1，c3）	技术创新绩效提升

资料来源：作者整理。

3. 高管个性特质、网络嵌入与企业创新绩效

作为企业基本活动的创新活动，嵌入企业所处的社会网络之中。企业创新产出除了依赖高管，也越来越依赖组织之间的网络嵌入状况。企业在创新过程中越来越多地让关键利益相关者（供应商、客户等）参与进来，与主要供应商建立牢固的市场关系和紧密的合作关系，有利于保证原材料供应的质量和及时性，以补充其自身的资源基础。与客户建立良好的关系，能够有效促进企业产品销售，同时提升顾客忠诚度，促进焦点企业的创新。买卖双方之间的互动促进供应链合作伙伴之间资源、信息、知识的使用和转移的过程，还能将高管与合作方的高管联系起来，由此产生的紧密互动模式，创建了相互依存的组织间关系网络，从而提高了相互信任程度和关系强度，促进商业合作并降低交易成本。

企业与高校、科研院所等研究组织在技术共享方面的战略合作，可以充分发挥资源、知识的相互依赖和互补作用，并充分利用多样化知识和技能资源，提升企业创新绩效。

较高的网络密度可以使成员通过多种渠道获取和利用信息，并改善信息的多样性。这有利于企业在广泛领域中获得多样化和非冗余的知识，并促进产品创新和企业发展。组织间协作网络的关系强度直接影响成员之间传递信息的质量和类型，紧密的联系意味着合作方之间的频繁互动，更高的亲密感和互利性。更高的关系强度有助于加深成员之间的合作，并通过高管来整合创新资源，最终影响企业创新绩效的实现。与其他企业、高校、供应商等利益相关者构建的合作网络与企业的创新绩效正相关。

从A、B、C三家企业的实际情况分析可以看出，三家企业的创新绩效不仅与高管的个性相关，而且与企业利益相关者之间的关系相关，依据所收集的相关资料和对案例的分析，得到主要变量编码，如表3-7所示。

表3-7 主要变量编码

主体构念	典型条目的核心观点
高管个性特质	高管具有较高前瞻性、高外向性、高风险倾向、高成就动机等个性特质
网络关系强度	与企业相关的很多同行都了解本企业的技术能力和产品；当需要技术建议或技术支持时，其他同行企业经常希望本企业提供新知识或经验；企业与供应商、用户、科研院所及其他机构之间的联系非常紧密
网络密度	企业经常与供应商、客户、其他同行企业进行经验、技术交流；企业经常与政府、大学、银行等金融机构、行业中介机构进行联系
企业创新绩效	企业经常可以想出许多改善产品生产流程的不同方法；企业大部分的利润来自新开发的产品或技术；与主要竞争对手相比，企业拥有更多数量的专利权，新产品或新技术开发速度较快；新产品或新技术开发的成功率较高，企业新产品销售比例水平比较高；与主要竞争对手相比，企业管理创新（如战略规划、用人、领导与控制等方面）能力更强

3.4.3 案例数据汇总

本书通过描述与分析A、B、C三家企业的高管在自主创新、合作创新、网络创新三个阶段中的作用，三家企业在组织间关系网络和网络组织中嵌入的程度，及其对企业创新绩效的影响，对三家企业的高管个性特质、网络嵌入和企业创新绩效进行评判打分和编码。在综合分析的基础上，结合被访谈人员的观点，用很高（强）、高（强）、较高（强）、一般、低（弱）、很低（弱）六个等级从高到低依次表示三家企业的各项指标水平。编码完成后请被访者进行审核、讨论、修正，之后形成最终编码结果。高管个性特质、网络嵌入与企业创新绩效的汇总与编码如表 3-8 所示。

表 3-8　高管个性特质、网络嵌入与企业创新绩效的汇总与编码

指标	维度	医药制造 A 企业	机械化工 B 企业	锅炉制造 C 企业
高管个性特质	外向性	很高	一般	很高
	风险倾向	较高	较高	较高
	成就动机	较高	一般	一般
	前瞻性	很高	较高	较高
高管人口特征	年龄	64	47	59
	性别	男	女	男
	学历	本科	本科	硕士研究生
	任期	15	17	9
	持股	是	否	是
	政治任职	否	是	否
网络嵌入	网络关系强度	很强	较强	较强
	网络密度	很高	较高	一般
企业创新绩效	企业创新绩效	很高	较高	较高

资料来源：作者整理。

3.5　案例发现

随着时间的推移，高管的个性特质影响了他们的人际关系，以及他们的个人关系网络和组织间关系、网络组织的相互作用。高管利用关系嵌入和结构嵌入作为分布式资源，多重嵌入企业网络，影响着网络的动态发展。组织的嵌入依赖于个人层面的关系，组织层次上的联系通过个人来运作，并且是他们与合作伙伴组织中的相关管理者进行联系，从而创造了多层次的嵌入性。

3.5.1 高管个性特质与企业创新绩效

高管在企业的创新过程中扮演了守门员和边界扳手（跨界角色）的关键职能。守门员是企业中能够控制、管理资源和进行创新决策的少数几个关键人物，边界扳手能够跨越组织和环境边界，充当信息过滤器，通过评估、简化和组织来自外部资源的知识流。因此，守门员和边界扳手有助于组织收集、吸收和应用外部信息。他们能够收集和理解外部信息，然后将这些信息翻译并传播到对其他组织成员有意义且有用的术语中。因此在一个特定领域的高管比在这个领域活跃的其他管理者更具生产力和影响力。一个企业的高管与企业创新绩效之间存在着积极和重要的关系，超越了其他管理者的影响。高管的外向性、风险倾向性、成就动机、前瞻性等个性特质大大提高了企业创新的可能性。同时企业创新成功的外部因素（包括高管与其网络成员形成的较强的个人关系网络）也能提升企业创新绩效。高管对市场信息的敏感性和反应速度，增加了企业进行创新并获取较好市场成果的可能性。高管具有更大程度上的社交参与度，其社交范围中的社会资本也更丰富，这又增加了高管社交网络上的资源优势。尤其在我国，个人的社会关系在增强竞争性能力、获取高绩效方面起着重要作用。目前我国处于转型经济期，企业更需要依靠非正式关系，特别是高管的个人关系网络带动企业嵌入组织间的关系网络和网络组织，以获取网络资源，增强竞争优势。

在对企业实地访谈时谈到高管个性特质与企业创新绩效的关系，被访谈者的看法主要有“外向性的高管自信、乐观、积极、交际广，对企业创新绩效影响大”，“前瞻性对企业创新绩效影响比较大，有远见、超前意识更有利于创新”；所有被访谈者都提到高管外向性、前瞻性对企业创新绩效影响较大；“老总有一些风险意识比较好，敢冒风险才能更好地创新”，大部分被访谈者提到了高管的风险倾向对企业创新绩效是具有影响的；大部分被访谈者在提到成就动机的影响时认为，“高成就动机的高管肯定对企业创新绩效也有影响，但不好衡量”。对收集到的信息进行归纳发现，大多数被访谈者的观点是高管的外向性、前瞻性个性特质对企业创新绩效影响比较大，风险倾向和成就动机也有影响，但相对小一些。

案例企业（A企业、C企业）的高管利用自身影响力及所形成的社会关系给企业带来了较高的创新绩效。A企业的Q和C企业的Y都具有鲜明的外向性、前瞻性、自发性、变革性的特点，他们会对周围环境主动发起挑战，主动改变现状，创造和捕捉新机会，以便实现既定目标。因而，高管的个性特质因素对社会网络构建和企业的创新行为有重要的影响。外向性、前瞻性等特质较高的高管善于建立网络关系，与合作伙伴之间建立信任，以提高成功的概率，而且还善于利用现有的关系拓展及加固社会网络，与不同类型的企业主体（例如，客户、供应商、竞争对手企业的管理者或其他组织核心领袖人物等）合作，从外界获取更多异质性资源，从而能够促进企业创新。高管个性特质对企业创新绩效有积极的促进作用，高管个性特质与企业创新绩效的关系如图3.8所示。

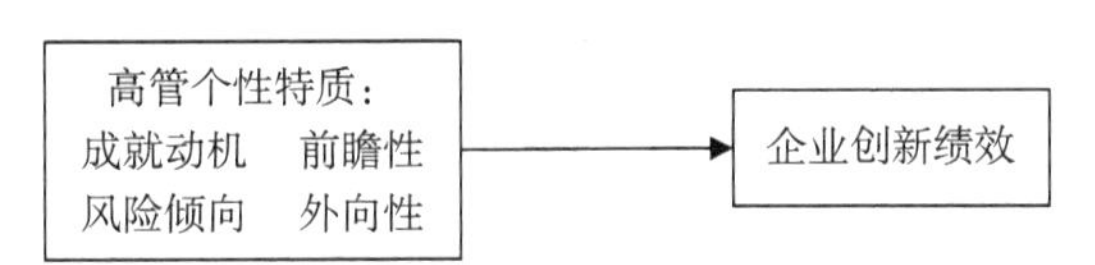

图3.8 高管个性特质与企业创新绩效的关系

基于这些分析，本书提出下述命题。

命题1：高管个性特质对企业创新绩效有显著影响，高管的成就动机、风险倾向、前瞻性、外向性等个性特质对企业创新绩效的影响呈递增趋势。

3.5.2 高管个性特质与网络嵌入

在案例企业中A企业Q利用自身影响力和个人关系网，带领企业嵌入组织间关系网络，与各利益相关者形成较高的关系强度，以A企业作为焦点企业组建国家产业技术创新战略联盟，使A企业处于较高的网络密度内。由于Q独特的高管个性特质，带动A企业迅速发展，成为龙头企业，占据组织间关系网络的位置优势，合作伙伴非常多且关系紧密。B企业H和C企业Y都有高风险倾向，勇于承担责任，更容易与志同道合的合作者建立起共依、共享、共赢的社会网络关系。但B企业和C企业的两位高管的外向性一般，在人际交往过程中和商业活动中没有表现出更高的人际交往能力，没有建立起更广泛的社会网络关系。也可能由于企业性质和行业等原因，B、C企业只是地方企业，相对来说，企业网络的网络密度、网络关系强度不高。案例数据表明，高管的个性特质对企业网络嵌入有明显的影响作用。高管个性特质与网络嵌入的关系如图3.9所示。

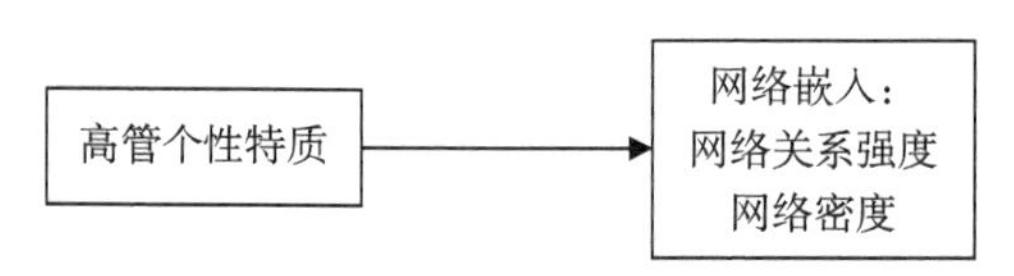

图 3.9　高管个性特质与网络嵌入的关系

基于这些分析，本书提出下述命题。

命题2：高管个性特质对网络嵌入有显著正向影响。

3.5.3　网络嵌入与企业创新绩效

案例企业都与各自的主要供应商、客户、科研院所等建立了稳定和紧密的关系，也都与各利益相关者建立了关系网络。嵌入各种网络都给企业带来了创新需要的各种资源，促进企业创新绩效提升。例如，A企业和C企业在创新实施过程中积极发挥网络平台作用，网络关系强度比较大，网络密度很高，两家企业的创新绩效也相对比较高。B企业非常注重与供应商、客户等构建网络关系，但是创新绩效较为一般。可能是由于B企业规模太大，不相关多元化生产导致其网络关系疏松，网络密度较低，其多样性的利益相关者关系强度不够，因而可能无法充分利用那些新的市场信息、外部的创新资源，有效地进行创新变革，提升创新绩效。归纳案例数据，我们可以认为网络嵌入对企业创新绩效有正向影响作用。

在案例企业中，A企业作为行业领军企业与行业标准制定者，与客户、供应商、竞争对手等企业经常进行经验、技术交流，与连锁药店紧密合作，积极开展增值服务。供应商、医院、药店、竞争对手等企业也会经常主动与A企业进行沟通交流。A企业作为地方的利税大户，也是地方政府、金融部门等乐意经常交流的企业。同时A企业与北京大学、哈尔滨工业大学、华东理工大学、东京药科大学等国内外30余家高校和科研院所经常进行技术交流、合作研发。B企业和C企业也都与客户、供应商、竞争对手等企业经常进行经验、技术交流。B企业与政府经常保持联系，寻求政府创新补助，2018年连续获得省、市两次专项资金人民币350多万元。B企业和C企业也都与国内外多所高校和科研机构经常进行技术交流、合作研发。企业与新技术供应商（如研究型大学和新技术企业）的联盟合作可以通过多种途径影响其创新产出，使合作伙伴能够共享技术知识、利用研究中的规模经济和复杂资产，对企业创新绩效产生积极影响。

A企业制定的产品标准已有37项纳入国家标准，企业产品的检测指标多于国家标准，比国家规定的指标多了122项。A企业处于整个社会网络的核心位置，网络中心度较高，是“意见领袖”，与企业网络中的众多组织产生关系，并具有获取创新相关新知识的优势。作为行业领军企业，A企业与中国科学院院士及14所高等院校、科研院所组建了国家产业技术创新战略联盟。同时，A企业与36家千万级医药连锁、亿级医药商业客户、13位顾问共同成立了“千亿俱乐部”，全面启动与大客户的战略合作；与连锁药店紧密合作，积极开展增值服务，企业的营销网络中拥有80000余家药店、4000余家医院；原材料生产方面实行“保姆式养驴服务模式”，采用“政府+企业+银行+基地+合作社+规模化养殖户”的发展模式，是一种产业式的、可持续发展的良性模式，上游提供良种和技术，中游提供各类服务，下游保障市场收购，全程为合作社、养殖户提供服务和技术支持。B企业和C企业都属于地方中小型企业，技术创新还处于较低层次，C企业采用订单式生产，与用户联系紧密，但产品技术创新要求很低，只是在产品局部做一些调整，B、C两家企业网络中心性程度不高。B企业和C企业与供应商、客户、科研院所及其他机构之间联系比较密切，网络密度程度比较高。总体来看，A、B、C三家企业的创新绩效都比较高。

在高密度企业网络中，企业之间的关系互动比较多。网络成员可以从关系网络中获取企业需要的创新资源，从而促进企业创新绩效提升。高科技上市公司的网络密度和创新绩效正相关，企业网络中的关系嵌入对企业创新绩效具有显著影响，关系嵌入的维度（网络关系强度）也有利于技术创新绩效的提升。因此，网络嵌入能够对企业创新绩效产生正向的直接影响。

综合三家案例企业的探讨分析，可以看出网络嵌入对企业创新绩效有积极影响。网络嵌入与企业创新绩效的关系如图 3.10 所示。

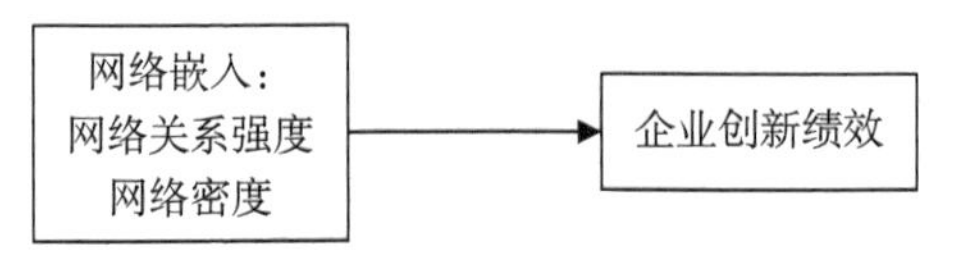

图 3.10　网络嵌入与企业创新绩效的关系

基于这些分析，本书提出下述命题。

命题 3：网络嵌入对企业创新绩效有显著正向影响。

通过以上分析可以看出，高管个性特质对网络嵌入有显著正向影响（图 3.9），而网络嵌入对企业创新绩效的提高具有正向的促进作用（图 3.10），因此，本书提出以下命题。

命题 4：网络嵌入在高管个性特质与企业创新绩效之间起中介作用。

3.6　本章小结

通过对三个典型案例企业的探索性研究，本书剖析了高管个性特质对企业创新绩效的影响机理、网络嵌入在高管个性特质和企业创新绩效之间的作用效应。依据探索性案例的研究结果，推导出了研究命题，具体汇总如下。

命题 1：高管个性特质对企业创新绩效有显著影响，高管的成就动机、风险倾向、前瞻性、外向性等个性特质对企业创新绩效的影响程度呈递增趋势。

命题 2：高管个性特质对网络嵌入有显著正向影响。

命题 3：网络嵌入对企业创新绩效有显著正向影响。

命题 4：网络嵌入在高管个性特质与企业创新绩效间起中介作用。

03
PART

第三部分
实证篇

第 4 章

研究假设与设计

本章将针对第 3 章探索性案例推导出来的初始命题和基本概念模型，结合学者们的研究成果进行深入探讨，从静态角度探讨不同高管个性特质对企业创新绩效的直接影响，以及高管个性特质通过网络嵌入对企业创新绩效的间接影响，从而构建高管个性特质对企业创新绩效影响的概念模型和细化假设。

4.1 高管个性特质对企业创新绩效的影响

企业高管对企业战略决策和目标达成起主导作用，其性格、关系网络、管理经验等都将影响到企业的创新行为，从而影响企业的创新绩效。具备某些优秀个性特质的高管将有利于企业创新的成功。

越来越多的学者注意到高管的人口特征不能直接反映企业绩效，学者们开始关注高管个性特质对企业绩效的影响作用。近期文献显示学者们将注意力集中于研究高管的心理，一些有关个性的心理测量指标，被用于研究高管性格属性与公司绩效之间的关系。面对来自外部的诱惑、环境的不确定性、创新的复杂性和合作者之间的矛盾冲突，高管个性特质将对如何认识这些信息及如何处理这些信息产生决定性作用。高管的心理特征既影响他们对战略的选择，又影响他们战略决策的过程和行动。高管年龄、学历、经验等人口特征，也会影响高管的决策行为。但是，只用人口特征变量去描述高管心理特征，研究者无法触及影响高管行为的真正心理特征。高管的心理特征影响了他们对获取和传播组织内外部的信息，以及获取资源和配置资源的方式。近年来的研究成果都表明，高管的外向性、前瞻性、风险倾向、成就动机等个性特质都会影响高管的创新决策，最终影响企业创新绩效。

1. 外向性对企业创新绩效的影响

具有外向性特质的人热情、充满活力。外向性越高的人，一般越好交际、越健谈，更容易交流与沟通，也善于与他人分享自己的观点。高外向性的高管与团队沟通更多，使团队更能理解目标和所要达到的绩效。高外向性的高管具有较强的沟通意愿与沟通能力，有利于信息交流和知识共享，能促进企业绩效的提升，因此外向性与其工作绩效呈正相关（芮雪琴，蒋媛卉，2015）。高外向性的高管思维开阔，表现比较积极、主动、有活力，容易感知对企业有利的信息，善于抓住机会，能以开放的心态接受新鲜事物，喜欢寻求新刺激，更希望能够获得回报。因此，高外向性的高管更能为企业带来新的创意、新的知识、新的信息资源，顺利达成组织目标。同时，创新是需要团队合作的，高外向性的高管由于具有较强的关系能力，能提升团队资源整合能力，更有利于团队协作，从而提升企业创新绩效。

2. 前瞻性对企业创新绩效的影响

高前瞻性的高管更喜欢接受挑战和改变现状，他们更积极主动地与来自不同文化背景的个体建立和维护各种社交网络关系。与低前瞻性的高管相比，高前瞻性的高管更善于发现和捕捉机会，采取行动更加果断和主动。高前瞻性的高管一般是先行者和创新者，能够通过变革解决比较棘手的问题。高前瞻性的高管具有积极进取的品质特征，比如主动性、独立性、高投入性等，这些特征能给企业带来高绩效。高管的前瞻性个性对其工作结果、领导效能、团队效能、企业创新绩效等都有一定程度的促进作用（李正卫，高蔡联，张祥富，2013）。

3. 风险倾向对企业创新绩效的影响

高管风险倾向是反映决定高管采取或避免风险的累积倾向的特性，它与高管的经验增加保持同步一致性（廖中举，2015）。经济学中的理性假设观点认为，风险与回报存在正相关关系。鲍曼（Bowman，1980）通过实证研究发现相反的结果，得到相反的结论，即在低风险的时候，某些管理者能通过高超的战略决策能力，获得高回报，这个结论被称为“鲍曼悖论”。大多数高管个性特质的相关研究，都表明了高管的风险倾向正向影响企业绩效。高管风险倾向对企业创新绩效的影响是正向且显著的，具有适度风险倾向的高管，具有一定的风险承担能力，愿意寻求机会，促进企业创新行为，从而实现高绩效。

4. 成就动机对企业创新绩效的影响

高成就动机的高管比较渴望成功，更喜欢制定富有挑战性的成就目标，敢于创新决策，更希望获得高绩效，希冀成功以获取个人的成就满足感（Locke，Shaw，Saari，1981）。大多数高管具有高于普通人的成就动机，这也增加了其领导企业成功的概率。高管成就动机特质能有效预测企业创新绩效、企业总体绩效，成就动机与多种绩效存在正相关关系，如个人绩效、职业成就、企业创新绩效等。

基于以上论述，可以看出高管的外向性、前瞻性、风险倾向、成就动机等个性特质对企业创新绩效都有较大程度的影响。但是根据“鲍曼悖论”，高管低风险倾向也有可能获得高回报。高成就动机的高管，更愿意担任具有挑战性的任务，偏好对结果负责。依据案例分析，结合实地访谈内容总结，根据第 3 章提出的命题，本书提出如下假设。

H1：高管个性特质对企业创新绩效有显著影响，高管的成就动机、风险倾向、前瞻性、外向性四个个性特质对企业创新绩效的影响依次递增。

4.2　网络嵌入在高管与企业创新绩效之间的作用

创新对于大多数企业的成长、生存和竞争力都是至关重要的。但是，达成创新目标需要的知识和资源往往超出自身的能力范围。企业在创新过程中越来越多地与关键相关利益者（供应商、客户等）合作，形成创新网络。从网络中获取企业创新所需要的知识、技术等资源，促进企业创新，提升企业创新绩效。

4.2.1　网络嵌入对企业创新绩效的影响

创新是一个互动的过程，通过企业与外部合作伙伴的交互和集成的变化，不仅可以提供互补的资源和信息，还对企业的创新能力和长期发展至关重要。关系网络为企业获取资源拓宽了渠道，各种不同的网络关系是链接外部资源的重要渠道，关系嵌入如同承载网络信息、资源流通的血管。以林南（Lin Nan，1995）和格兰诺维特（Granovetter et al.，1992）为代表提出的弱关系理论认为弱联结更有利于异质信息资源的获取，而强联结联结着阶层、资源相似的个体，因此带来相似资源的交换是不必要的，有些情况下，网络关系强度与团队的创新能力负相关。格兰诺维特认为强联结代表了网络各节点之间的紧密关系，比如，频繁的互动交流、亲密的友谊等关系，既能够增进合作者之间的相互了解和合作，也能够增强合作者之间的相互信任程度。因此强联结具有不可替代的优势，在网络传递信息中发挥了重要作用。由于高频率的社会互动、持久的关系为主体提供了更多接触独特有用知识的机会，强联结更有利于节点间分享深层次的知识。组织之间强合作关系是企业技术创新活动中要素的重要来源，同时合作关系也作为一种企业资源，有利于提高企业创新绩效，因此，关系嵌入对企业创新绩效的影响始终为正。

网络密度反映了主体间的连接程度，表示网络成员之间的关系紧密程度和关系重要性。企业网络嵌入的关系密度越大，表明组织间交往越频繁。紧密的网络关系有助于建立网络成员之间的信任和规范，能够促进他们进行深度沟通和资源互换，有利于企业创新性思维的产生，促进组织各方创新的实现，从而促进企业创新绩效的提高（于淼，马文甲，2018），因此企业的网络密度对企业创新绩效具有明显的影响作用。经验证据也表明，通过网络嵌入，企业可以从外部联系和额外的资源中获益。从外部关系中获取的资源和能力可以补充焦点企业的资源和能力，从而实现卓越的竞争绩效。因此，网络嵌入能够对企业创新绩效产生正向的直接影响（李靖华，黄继生，2017）。根据上述分析，网络嵌入正向影响企业创新绩效，因此提出如下假设。

H2：网络嵌入对企业创新绩效有正向影响作用。

4.2.2 高管个性特质对网络嵌入的影响

经常听到人们讨论，为什么有些人在竞争中胜过其他人，为什么有些人比其他人表现更好？通过对社会网络重要性的研究，我们找到了答案。在每个特定的工作环境中，有些人处于高密度社交网络中，有些人与网络成员互动频繁，具有网络优势，还有一些人可能在社交网络中占据比其他人更有利的位置，所有这些情况都会促进整个组织的资源流动和知识共享。他们对组织运作的贡献可能会带来更多的回报，包括更快的晋升和更高的个人绩效。高管首先在企业内部占据了比其他人更有利的位置，与之相联系的是合作组织的高管，由此所形成的个人网络中个体之间彼此相互信任，友谊关系和商业关系并存，互动频繁，关系紧密。个人在网络中的地位可能受其心理及个性和社交网络的影响。高管个性特质影响其工作网络和友谊网络的地位，在网络中，高外向性高管的积极、正面、有活力的形象，可以不断地吸引他人关注，往往成为网络中的焦点。高前瞻性的高管预先发现有利机会，更有可能占据社交网络的中心位置，成为网络领袖。我们有必要更深入地了解网络和个体特征的重要性，研究有些人能充分利用个人的心理和个性优势，借助网络关系，促进组织绩效的提升的原因。

高外向性的高管更倾向社交活动，人际交往意愿更强烈。这种特质的个体往往具有较强的群体一致性，为人处世慷慨果断，因此更容易达成合作。在社会网络联系中，外向性较强的高管与合作者的互动比外向性弱的高管更加频繁，在人际交往过程中和商业活动中可能会表现出更高的人际交往能力。相对来说，他们擅长社交互动，在谈话中更活跃，能够建立起广泛的社会网络关系，更容易建立起更大的社会网络密度，并能够从中获取有利于企业创新的有价值的资源、信息、知识等，能够强化与网络成员间牢固的伙伴关系，从而获取实质性的帮助和支持，进而促进企业的创新活动。因此，在社会网络互动中，喜欢与人交朋友的高外向性的高管，具有开放、主动、乐群的个性，更容易构建起各种正式和非正式的社会网络关系。

高前瞻性的高管更倾向于成为领导者，可能是因为他们更多地关注情境的变化、管理者的领导行为，更善于抓住发展机遇。高前瞻性的高管，会在加快企业网络化程度过程中，更可能预先发现存在的问题，能够通过组织信息交换等降低风险的不确定性，从而比其他人更容易觅得先机并且能提高成功的概率，因此他们也往往更能成功地增强网络嵌入的广度和深度。高前瞻性的高管不仅能够敏锐地识别机会，善于建立个人社会网络，而且还善于利用机会，依靠自己的主动性、敏锐性和准确性，延伸个人网络关系，帮助企业建立社会网络。

高风险倾向的高管往往更喜欢挑战，能够借助社会网络关系，利用高强的战略能力，最大限度地降低外部资源获取中的风险。高风险倾向的高管在社交互动中更加大胆，敢于尝试在复杂的市场环境中，在不同的网络环境中，与更广泛的不同业务领域、不同区域的管理者建立合作关系，能够承担一定的风险，并且能够通过关系网络寻找和获取新资源。高风险倾向的高管，往往勇于承担责任，更容易与志同道合的合作者建立起共依、共享、共赢的社会网络关系。

高成就动机的高管主动性更强，会更积极地扩大并强化其自身的社会网络，从而建立更加牢固和大量的企业网络关系。高成就动机的高管的主动性和追求目标达成的意愿更有利于企业社会网络的构建。他们通常在追求成功时坚持不懈，更加主动、积极，具有强烈的紧迫感，促使他们在社会活动中寻求不同的途径，应用各种社会技能。因此高成就动机的高管在建立网络关系的过程中，会更快获得他人的认可，更容易突破各种障碍，建立起更广泛的企业网络关系。

因此，可以看出，高管个性特质对企业网络嵌入有正向影响，对网络嵌入的网络密度和网络关系强度两个维度均有正向影响，因此提出如下假设。

H3：高管个性特质对企业网络嵌入有正向影响，对网络嵌入的网络密度和网络关系强度两个维度均有正向影响。

根据上述分析，高管个性特质对网络嵌入有正向影响，而网络嵌入又正向影响企业创新绩效。因此，提出如下的假设。

H4：网络嵌入在高管个性特质与企业创新绩效间起中介作用。

4.2.3 概念模型

本章在第 3 章得出的高管个性特质对企业创新绩效作用机制的命题基础上，结合学者们的研究成果对提出的命题展开更为深入的研究分析。在文献归纳和演绎的基础上提出高管个性特质对企业创新绩效具有显著的直接影响。同时高管也通过网络嵌入对企业创新绩效发挥间接影响作用，也就是说网络嵌入在两者之间发挥中介作用。高管个性特质对企业创新绩效作用机制概念模型如图 4.1 所示。

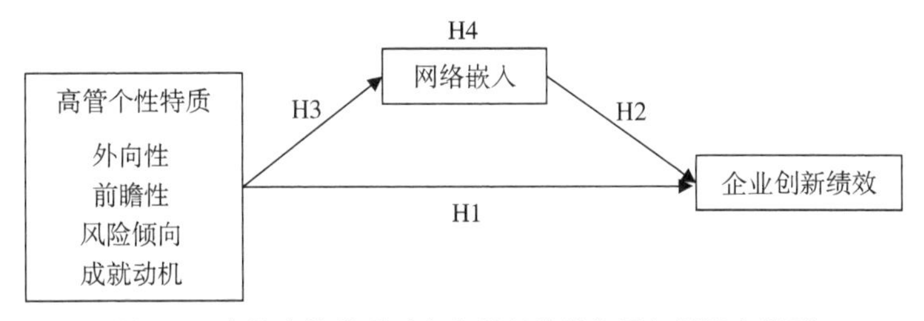

图 4.1　高管个性特质对企业创新绩效作用机制概念模型

通过推导论证，提出了与概念模型相对应的研究假设。高管个性特质对企业创新绩效作用机制的研究假设汇总如表 4-1 所示。从探索性案例分析和相关文献分析都可以看出，高管个性特质各维度对企业创新绩效有直接影响；网络嵌入在高管个性特质与企业创新绩效的关系中起中介作用。

表 4-1　高管个性特质对企业创新绩效作用机制的研究假设汇总

研究假设
H1：高管个性特质对企业创新绩效有显著影响，高管的成就动机、风险倾向、前瞻性、外向性四个个性特质对企业创新绩效的影响依次递增
H2：网络嵌入对企业创新绩效有正向影响作用
H3：高管个性特质对企业网络嵌入有正向影响，对网络嵌入的网络密度和网络关系强度两个维度均有正向影响
H4：网络嵌入在高管个性特质与企业创新绩效间起中介作用

4.3　问卷设计

本书所涉及的变量包括高管个性特质、网络嵌入、企业创新绩效、企业的组织特征。参考李平、曹仰锋、徐淑英（2012）提出的问卷设计步骤，进行本书调查问卷的设计，具体步骤如下：①选取国内外有关高管个性特质、网络嵌入、企业创新绩效等指标研究中比较成熟的量表；②结合本书的目的和背景，对这些相关量表进行调整或修订，形成初步调查题项，征求有关专家和项目团队成员的建议，通过多次会议讨论，对调查题项进行修订；③进行预调研收集小样本数据（初始问卷主要发放到案例样本企业），使用 SPSS23.0 和 Amos23.0

软件进行信度效度分析后对问卷题项做进一步筛选与修订；④将修正后的调查问卷发给有关专家和项目团队成员，再次征求他们的建议，修改后形成最终问卷，详见附录3。

4.4 变量测度

为保证研究结果的可靠性、有效性，本书借鉴国内外学者常用的且被证实有比较高的信度和效度的变量量表，对研究中涉及的主要变量进行量表测度设计。本书的主要研究变量有因变量——企业创新绩效（Innovation Performance，IP），自变量——高管个性特质（Executives Personality Traits，EPT），中介变量——网络嵌入（Network Embedding，NE），控制变量——企业的组织特征。

4.4.1 因变量——企业创新绩效

根据本书的研究概念假设模型，确定企业创新绩效为本书研究的因变量。由于创新过程的复杂性和不确定以及创新成果的多样性，学者们对创新绩效的测度还没有形成统一的测量指标体系。目前对创新绩效的测量主要有两种形式：一种是采用客观绩效数据（如专利数量、新产品销售额等指标）来度量企业创新绩效；另一种是借鉴国内外的成熟量表，利用李克特7级量表法通过问卷的形式获取主观数据进行测量。

研究者们采用客观绩效数据进行测度时，一般是根据企业样本的组织特征、企业主营业务的行业性质、所在的国家等方面的因素，依据研究目的，考虑研究的需要选取易得信息的相关指标来度量创新绩效。大多数研究采用单指标进行测量企业创新绩效，如采用申请的专利数（王核成，李鑫，2019）、新产品的销售额（颜晓畅，2019）等。而另一些研究则采用两个或更多的指标构成测量体系，如普拉约戈和艾哈迈德（Prajogo，Ahmed，2006）采用创新数量、创新速度、创新水平、市场领先4个方面的指标进行测度。张方华（2010）用创新产品的成功率、年申请的专利数和新产品产值占销售额的比重（新产品产值率）3个指标进行测度。陈红、张玉、刘东霞（2019）用发明专利数量对探索性创新绩效进行测度，用实用新型与外观设计专利数量对开发性创新绩效进行测度。

还有些学者在参照国内外学者对创新绩效测度的基础上，通过问卷的方式对创新绩效进行测量。王永贵、刘菲（2019）借鉴马努（Manu，1992）的量表改编成 4 个题项，供应商在过去三年中的新产品数量、专利数量、全新产品和改良产品的销售收入占比来测量创新绩效。彭正银、黄晓芬、隋杰（2019）设置 5 个题项从创新效益和创新效率两个方面衡量企业创新绩效。普尔卡沃斯、段、爱德华兹（Poorkavoos，Duan，Edwards，2016）设计问卷题项，通过向企业的竞争对手发放问卷，获取数据资料，用来测度企业的创新绩效。谢洪明、张霞蓉、程聪等（2012）从产品创新和工艺创新两个角度设计量表对技术创新绩效进行度量。张峰、王睿（2016）对探索性创新绩效（4 个题项）与开发性创新绩效（3 个题项）分别设计题项进行测量。

考虑到本书的研究，需要大量样本，涉及的企业行业多、区域广，企业规模差距比较大，既有高新技术企业，也有非高新技术企业，既有上市公司也有非上市公司，创新程度参差不齐，不适合采用客观指标来衡量企业创新绩效。因此本书采用李克特 7 级量表法对企业创新绩效进行打分衡量，参考谢洪明、张霞蓉、程聪等（2012）学者的测度方法，结合我国企业创新的实际情况，设计了包括 7 个题项的企业创新绩效（IP）测度量表，如表 4-2 所示。

表 4-2　企业创新绩效（IP）测度量表

编号	测量题项	来源或依据
Y1	贵公司经常想出改善产品生产流程的不同方法	王长峰（2009）；谢洪明，张霞蓉，程聪等（2012）
Y2	贵公司的大部分利润来自新开发的产品或技术	
Y3	贵公司比主要竞争对手拥有更多数量的专利权	
Y4	贵公司的新产品或新技术开发速度比主要竞争对手更快	
Y5	贵公司的新产品或新技术开发的成功率比主要竞争对手更高	
Y6	贵公司的新产品销售比例水平比主要竞争对手更高	
Y7	贵公司的管理创新（如战略规划、用人、领导与控制等方面）能力比主要竞争对手更强	

4.4.2 自变量——高管个性特质

为了检验高管个性特质对企业创新绩效的影响，参考以往的文献研究，依据本书的研究目的，选取了外向性（Executives Extraversion，EEX）、风险倾向（Executives Risk Propensity，ERP）、前瞻性（Executives Proactive Personality，EPP）、成就动机（Executives Achievement Motivation，EAM）四个特质变量来描述高管的个性特质。

1. 外向性

目前对于个性特质的测量普遍采用科斯塔和麦克雷（Costa，McCrae，1992）开发设计的 NEO 大五人格量表（简称“大五”量表），这是目前国际上学术界公认的可靠性和有效性比较高的测量量表，外向性是其中的一个测量维度。根据“大五”量表，借鉴张瑾、杨蕙馨（2009），于淼、马文甲（2018）等学者的量表以及作者对高管外向性特质的理解，本书采用包括 5 个题项的高管外向性测度量表，如表 4-3 所示。采用李克特 7 级量表法来衡量高管外向性特质因素。

2. 风险倾向

由于不同的研究对象、不同应用范围等，研究者根据自己的研究目的对风险倾向进行测量的量表存在较大差异。研究者借鉴比较多的是西特金和温加特（Sitkin，Weingart，1995）开发的风险倾向量表，该量表是基于个体风险倾向开发的，适合对领导管理决策方面的研究应用。因此，借鉴西特金和温加特，马昆姝、覃蓉芳、胡培（2010）等学者的量表以及作者对风险倾向定义的理解，本书设计了 4 个题项的高管风险倾向的测量量表，如表 4-3 所示。

3. 前瞻性

前瞻性主要反映了个体主动采取行动改变其外部环境的倾向性。贝特曼和克兰特（Bateman，Crant，1993）开发了前瞻性个性测量量表（PPS），用来定量评价前瞻性个性特质。该量表包含了 17 个题项，信度比较高，内部一致性系数都在 0.87～0.89 之间。之后的一些学者开发了多种缩减版的测量量表，其中克拉斯、贝海特、莱蒙斯（Claes，Beheydt，Lemmens，2005）采用的 10 项缩减版量表应用最为广泛。借鉴该量表，本书编选了 4 个题项用来测度高管前瞻性个性特质，如表 4-3 所示。

4. 成就动机

高管的成就动机个性特质反映了高管倾向于追求高标准的成就目标，成就动机有正向（期望成功）与负向（防止失败）两种预期结果。心理学家吉斯米和尼加德（Gjesme，Nygard，1970）编写的成就动机量表（Achievement Motivation Scale，AMS），得到了研究者们的普遍认可，我国学者叶仁敏等将其译成了中文。成就动机量表（AMS）包括两大部分：一部分是测定与获取成功相关的动机，题项是有关正向评价情境与结果期望的内容，另一部分是与防止失败相关的动机，题项是有关负向评价情境与结果期望的内容。叶仁敏和哈格特维特（叶仁敏，Hagtvet，1992）进行成就动机实验，发现我国企业管理人员是一群成就动机水平较高的人。借鉴吉斯米和尼加德、叶仁敏和哈格特维特等学者的成就动机量表，结合本书的研究目的，设计了包括 5 个题项的高管成就动机个性特质测度量表，如表 4-3 所示。

表 4-3　高管个性特质测度量表

自变量	测量维度	编号	测量题项	来源或依据
高管个性特质 EPT	外向性 EEX	X111	喜欢与他人交朋友	张瑾，杨蕙馨（2009）；于淼，马文甲（2018）
		X112	做事通常比较积极主动	
		X113	待人热情友好，比较有亲切感	
		X114	乐于与人共处，愿意与人合作	
		X115	做事始终精神饱满，充满活力	
	风险倾向 ERP	X121	喜欢尝试新奇的事物	Sitkin，Weingart（1995）；马昆姝，覃蓉芳，胡培（2010）
		X122	认为只要获得相应的收益，冒险是必要和值得的	
		X123	喜欢接受挑战，为了成功愿意冒一定风险	
		X124	善于在复杂激烈的市场环境中做出大胆的决策	
	前瞻性 EPP	X131	善于在复杂的环境中捕捉机遇	Bateman，Crant（1993）；Claes，Beheydt，Lemmens（2005）；叶莲花，凌文栓（2007）
		X132	善于将难题转化为企业的发展机遇	
		X133	常常先于他人发现一些好的机会	
		X134	常常先于他人发现并解决问题	

续表

自变量	测量维度	编号	测量题项	来源或依据
高管个性特质 EPT	成就动机 EAM	X141	希望得到社会和其他人的认可	叶仁敏和哈格特维特（1992）；陈强（1990）
		X142	对于实现成就目标具有强烈的紧迫感	
		X143	经常探寻新的途径以实现自己的理想目标	
		X144	总是追求卓越，力求出类拔萃	
		X145	会坚持不懈地付出努力以提升自己的人生价值	

4.4.3 中介变量——网络嵌入

目前网络分析方法主要有结构视角和关系视角两种基本视角。考察企业网络的特征和网络嵌入的程度主要从结构维度和关系维度两个角度。结构嵌入主要描述企业在网络中的位置和网络密度特征，关系嵌入主要描述企业网络中组织间的关系强度。企业通过关系嵌入和结构嵌入来提高创新绩效，网络密度和网络关系强度对企业创新绩效都具有较强的解释能力。因此本书用网络密度和网络关系强度两个指标对企业网络嵌入特征进行测度。

1. 网络密度

网络密度（Network Density，ND）是指网络成员间互动的关系紧密程度，即企业网络中成员之间彼此互动的平均程度。密度高就表明网络中成员之间彼此互动程度高、信息流动快，相应的资源交换就会增加，能够增强成员之间知识、信息和资源的互补性，从而促进创新绩效提升。参考格兰诺维特（Granovetter，1985），董津津、陈关聚（2020）等的研究成果，本书设计了包括 5 个题项的网络密度测度量表，如表 4-4 所示。

2. 网络关系强度

网络关系强度（Network Ties Strength，NTS）是企业在进行网络嵌入中企业与其他节点之间联系的频率。因此根据企业与供应商、客户、同业企业进行经验技术等知识交流的频率，以及企业与政府、科研院所、金融机构等进行交流的频率，对网络关系强度进行测度。一般认为网络关系强度越高，越有助于企业获取网络资源。网络关系强度用互动频率和沟通紧密性测量，借鉴谭云清（2015）、李靖华和黄继生（2017）等学者的研究成果，本书采用 4 个题项来测度网络关系强度。包括网络密度和网络关系强度两个维度的网络嵌入测度量表，如表 4–4 所示。

表 4–4 网络嵌入测度量表

中介变量	测量维度	编号	测量题项	来源或依据
网络嵌入（NE）	网络密度（ND）	Z11	大多数与贵公司相关的企业都了解贵公司的技术能力和产品	Granovetter（1985）；董津津，陈关聚（2020）；谭云清（2015）；李靖华，黄继生（2017）
		Z12	大多数与贵公司相关的企业经常通过贵公司进行技术或经验交流	
		Z13	当其他企业需要技术建议或技术支持时，经常希望贵公司提供新知识或经验	
		Z14	贵公司与供应商、用户、科研院所及其他机构之间的联系非常紧密	
		Z15	行业内大部分的创新都是贵公司自己独立研发的	
	网络关系强度（NTS）	Z21	贵公司经常与供应商进行经验、技术交流	
		Z22	贵公司经常与客户进行市场经验、技术交流	
		Z23	贵公司经常与行业内的企业进行经验、技术交流	
		Z24	贵公司经常与政府、大学、银行等金融机构和行业中介机构进行联系	

4.4.4 控制变量——企业的组织特征

企业的组织特征对企业的创新绩效有一定的影响，本书将企业的组织特征作为控制变量进行研究。本书的控制变量包括企业所有权性质、是否被认定为高新技术企业、企业规模、成立年限、资产总额和近三年年均总销售额等，对这些控制变量设计了题项选择，见附录 3 调查问卷。

4.5 小样本测试

从2018年2月开始，在山东、江苏两个省的一些企业发放了问卷100份，进行小样本数据收集，通过面对面问卷发放、填写、回收，共回收有效问卷68份，有效问卷率为68%。本书将用这些小样本对问卷进行预测试，测试后进行修订，形成最终问卷以便进行大规模问卷发放。

4.5.1 预测试检验标准

由于本书所使用的变量测度量表包含较多条目，并且这些变量的量表主要借鉴了国内外文献，因此需要通过修正后项总相关系数（Corrected Item Total Correction，CITC）做可靠性检验分析，以修订量表的测量题项。参考多数研究所使用的问卷筛选标准，CITC应该大于0.5，KMO（Kaiser-Meyer-Olkin）值大于0.6，Cronbach's α（克朗巴哈系数，内部一致性指数）大于0.7，因子载荷大于0.5，检验总体问卷信度（马庆国，2002）。将量表的数据与筛选标准相比较，对研究变量的测度量表逐一进行修订与净化，以便得到最终的正式调查问卷。

4.5.2 量表的预检验

1. 高管个性特质的信度和效度检验

（1）高管个性特质的CITC与信度分析

对于高管个性特质的测量，本书借鉴蒂斯（Teece，1986）、比彻尔和莫勒（Becherer，Maurer，1999）、于淼和马文甲（2018）等的测量量表，设置了四个维度包括18个题项的初始量表，进行量表题项的信度检验。高管个性特质初始量表的信度检验结果如表4-5所示。

表 4-5　高管个性特质初始量表的信度检验结果

变量	CITC	删除项后的 Cronbach's α 系数	各维度的 Cronbach's α 系数	量表总体的 Cronbach's α 系数
X111	0.766	0.960	0.935	0.962
X112	0.802	0.959		
X113	0.867	0.958		
X114	0.876	0.957		
X115	0.819	0.958		
X121	0.605	0.959	0.853	
X122	0.786	0.959		
X123	0.770	0.958		
X124	0.614	0.956		
X131	0.866	0.957	0.903	
X132	0.846	0.957		
X133	0.864	0.957		
X134	0.796	0.958		
X141	0.783	0.958	0.906	
X142	0.847	0.957		
X143	0.811	0.962		
X144	0.711	0.961		
X145	0.783	0.960		
要求	>0.5	>0.7	>0.7	>0.7

资料来源：根据 SPSS23.0 输出结果整理。

从表 4-5 的信度检验结果可以看到，所有题项 CITC 值都大于 0.5，所有的 Cronbach's α 系数都大于 0.7。整体问卷和问卷中的各维度的 Cronbach's α 系数都大于 0.7，量表总体的 Cronbach's α 系数为 0.962，都能达到先前所制定的标准，评价问卷具有较高的内在一致性。

（2）KMO 值和 Bartlett's 球形检验结果

选用 KMO 指标和 Bartlett's 球形统计值进行指标的构想效度检验，高管个性特质量表的 KMO 值和 Bartlett's 球形检验结果如表 4-6 所示。表中结果显示，KMO 值为 0.939（>0.7），说明高管个性特质量表质量较高；Bartlett's 球形检验结果的近似卡方值为 4575.767，自由度为 253，统计值显著性概率为 0.000（<0.001），拒绝虚无假设，因此相关题项指标适合进一步做因子分析。

表 4-6 高管个性特质量表的 KMO 值和 Bartlett's 球形检验结果

KMO 值		0.939
Bartlett's 球形检验结果	近似卡方值	4575.767
	自由度	253
	统计值显著性概率	0.000

资料来源：根据 SPSS23.0 输出结果整理。

（3）高管个性特质量表的探索性因子分析

对高管个性特质变量的题项采用主成分分析法进行提取因素，得到因子样式矩阵和因子解释方差的结果，高管个性特质量表的探索性因子分析结果如表 4-7 所示。因题项 X124 均匀分散在两个因子中，故删除该题项。经过最大化方差旋转后的共同因素的特征值依次为 16.381、1.591、1.343、1.122，累计方差解释率为 72.985%，原有变量的信息丢失较少，因子分析效果较理想，每个因子载荷都超过 0.5，按照大于 0.4 的标准，符合研究要求。从表 4-7 可知，因子 F1 主要解释了 X111、X112、X113、X114、X115 题项，即这 5 个题项归属于因子 F1；因子 F2 主要解释了 X141、X142、X143、X144、X145 题项，即这 5 个题项归属于因子 F2；因子 F3 主要解释了 X131、X132、X133、X134 题项，即这 4 个题项归属于因子 F3；因子 F4 主要解释了 X121、X122、X123 题项，即这 3 个题项归属于因子 F4。以上结果与理论分析的结果相符，这里的因子 F1 对应高管的外向性维度，用外向性命名；因子 F2 对应高管的成就动机维度，用成就动机命名；因子 F3 对应高管的前瞻性维度，用前瞻性命名；因子 F4 对应高管的风险倾向维度，用风险倾向命名。

表 4-7　高管个性特质量表的探索性因子分析结果

题项	因子载荷			
	F1	F2	F3	F4
X111	0.677			
X112	0.705			
X113	0.827			
X114	0.805			
X115	0.725			
X121				0.703
X122				0.820
X123				0.846
X131			0.625	
X132			0.652	
X133			0.720	
X134			0.735	
X141		0.824		
X142		0.779		
X143		0.703		
X144		0.633		
X145		0.607		
特征值	16.381	1.591	1.343	1.122
方差解释率 /%	58.502	5.681	4.795	4.007
累计方差解释率 /%	58.502	64.183	68.978	72.985

资料来源：根据 SPSS23.0 输出结果整理（主成分分析法抽取，基于特征值大于 1；最大方差旋转法）。

2. 企业创新绩效量表的信度和效度分析

（1）企业创新绩效量表的 CITC 与信度分析

借助探索性因子分析的方法检验企业创新绩效 7 个题项。同样，在进行因子分析前，首先将初始量表的全部题项做信度检验，企业创新绩效量表的 CITC 和信度分析结果如表 4-8 所示。

表 4-8　企业创新绩效量表的 CITC 和信度分析结果

<table>
<tr><th>题项</th><th>CITC</th><th>删除项后的 Cronbach's α 系数</th><th>量表总体的 Cronbach's α 系数</th></tr>
<tr><td>Y1</td><td>0.770</td><td>0.913</td><td rowspan="7">0.923</td></tr>
<tr><td>Y2</td><td>0.697</td><td>0.917</td></tr>
<tr><td>Y3</td><td>0.725</td><td>0.916</td></tr>
<tr><td>Y4</td><td>0.833</td><td>0.909</td></tr>
<tr><td>Y5</td><td>0.797</td><td>0.911</td></tr>
<tr><td>Y6</td><td>0.752</td><td>0.914</td></tr>
<tr><td>Y7</td><td>0.714</td><td>0.916</td></tr>
<tr><td>要求</td><td>>0.5</td><td>>0.7</td><td>>0.7</td></tr>
</table>

资料来源：根据 SPSS23.0 输出结果整理。

从表 4-8 中可以看出，企业创新绩效量表各个题项的 CITC 值均较高，均高于 0.5，量表总体的 Cronbach's α 系数为 0.923，都能达到先前所制定的标准，说明量表和数据都通过了内部一致性信度检验。

（2）KMO 值和 Bartlett's 球形检验结果

企业创新绩效量表的 KMO 值和 Bartlett's 球形检验结果如表 4-9 所示。从表 4-9 中可以看出，KMO 值为 0.908（>0.7），说明企业创新绩效的量表质量较佳；Bartlett's 球形检验统计值显著性概率为 0.000（<0.001），说明相关题项指标适合进一步做因子分析。

表 4-9　企业创新绩效量表的 KMO 值和 Bartlett's 球形检验结果

<table>
<tr><td colspan="2">KMO 值</td><td>0.908</td></tr>
<tr><td rowspan="3">Bartlett's 球形检验结果</td><td>近似卡方值</td><td>910.730</td></tr>
<tr><td>自由度</td><td>45</td></tr>
<tr><td>统计值显著性概率</td><td>0.000</td></tr>
</table>

资料来源：根据 SPSS23.0 输出结果整理。

（3）探索性因子分析

利用主成分分析法对企业创新绩效变量的题项进行提取因素，经过多次迭代，7 个题项的企业创新绩效量表得到 1 个因子（F1），方差解释率为 59.707%，每个因子载荷都大于 0.5，符合研究要求。企业创新绩效量表的探索性因子分析结果如表 4-10 所示。

表 4-10　企业创新绩效量表的探索性因子分析结果

题项	因子载荷（F1）
Y1	0.821
Y2	0.758
Y3	0.781
Y4	0.875
Y5	0.845
Y6	0.811
Y7	0.777
特征值	5.971
方差解释率 / %	59.707

资料来源：根据 SPSS23.0 输出结果整理（主成分分析法抽取，基于特征值大于 1；最大方差旋转法）。

3. 企业网络嵌入的效度和信度分析

（1）企业网络嵌入初始量表的信度检验

首先，对企业网络嵌入的 9 个题项做信度分析。企业网络嵌入初始量表的信度检验结果如表 4-11 所示。由表 4-11 的信度检验结果可以看出，9 个题项的 CITC 都大于 0.5，所有的 Cronbach's α 系数都大于 0.7，都能达到衡量标准，证明题项和数据的内部一致性符合要求。

（2）KMO 值和 Bartlett's 球形检验结果

企业网络嵌入的 KMO 值和 Bartlett's 球形检验结果如表 4-12 所示。从表 4-12 中可以看出，KMO 值为 0.813（>0.7），说明网络嵌入的量表质量较高；

Bartlett's 球形检验统计值显著性概率为 0.000（<0.001），说明相关题项指标适合进一步做因子分析。

表 4-11　企业网络嵌入初始量表的信度检验结果

题项	CITC	删除项后的 Cronbach's α 系数	各维度的 Cronbach's α 系数	量表总体的 Cronbach's α 系数
Z11	0.530	0.832	0.783	0.845
Z12	0.599	0.826		
Z13	0.596	0.827		
Z14	0.610	0.826		
Z15	0.506	0.834		
Z21	0.593	0.827	0.797	
Z22	0.560	0.829		
Z23	0.545	0.831		
Z24	0.522	0.840		
要求	>0.5	>0.7	>0.7	>0.7

资料来源：根据 SPSS23.0 输出结果整理。

表 4-12　企业网络嵌入的 KMO 值和 Bartlett's 球形检验结果

KMO 值		0.813
Bartlett's 球形检验结果	近似卡方值	749.463
	自由度	36
	统计值显著性概率	0.000

资料来源：根据 SPSS23.0 输出结果整理。

（3）探索性因子分析

采用主成分分析法对企业网络嵌入量表进行探索性因子分析。企业网络嵌入量表的探索性因子分析结果如表 4-13 所示。从 9 个题项中因素抽取到 2 个因子，累计方差解释率为 61.068%，每个因子载荷都大于 0.5，达到衡量标准，符合研究要求。

从表 4-13 中可以看出，因子 F1 主要解释了 Z11、Z12、Z13、Z14、Z15 题

项，即这 5 个题项归属于因子 F1；因子 F2 主要解释了 Z21、Z22、Z23、Z24 题项，即这 4 个题项归属于因子 F2。以上结果与理论分析的结果相符，这里的因子 F1 对应网络嵌入的网络密度维度，用网络密度命名；因子 F2 对应网络嵌入的网络关系强度维度，用网络关系强度命名。

表 4-13　企业网络嵌入量表的探索性因子分析结果

题项	因子载荷	
	F1	F2
Z11	0.841	
Z12	0.745	
Z13	0.831	
Z14	0.788	
Z15	0.739	
Z21		0.865
Z22		0.868
Z23		0.843
Z24		0.589
特征值	3.904	1.592
方差解释率 /%	43.381	17.687
累计方差解释率 /%	43.381	61.068

资料来源：根据 SPSS23.0 输出结果整理（主成分分析法抽取，基于特征值大于 1；最大方差旋转法）。

通过对所有变量的量表分别进行效度信度检验，所有题项的 CITC 值都大于 0.5，所有的 Cronbach's α 系数都大于 0.7，每个因子载荷都大于 0.5，都能达到衡量标准。通过效度信度检验，符合研究要求，问卷的设计比较合理。

4.5.3　正式量表的确定

本书对删除题项后的问卷征询相关专家的建议，与项目团队成员进行讨论，再次对用词的进一步的修订，调整题项的措辞，形成正式调研问卷变量的测量题项，如表 4-14 所示。

表 4-14 正式调研问卷变量的测量题项

变量	编号	测量题项
高管个性特质	X111	喜欢与他人交朋友
	X112	做事通常比较积极主动
	X113	待人热情友好，比较有亲切感
	X114	乐于与人共处，愿意与人合作
	X115	做事始终精神饱满，充满活力
	X121	喜欢尝试新奇的事物
	X122	认为只要获得相应的收益，冒险是必要和值得的
	X123	喜欢接受挑战，为了成功愿意冒一定风险
	X131	善于在复杂的环境中捕捉机遇
	X132	善于将难题转化为企业的发展机遇
	X133	常常先于他人发现一些好的机会
	X134	常常先于他人发现并解决问题
	X141	希望得到社会和其他人的认可
	X142	对于实现成就目标具有强烈的紧迫感
	X143	经常探寻新的途径以实现自己的理想目标
	X144	总是追求卓越，力求出类拔萃
	X145	会坚持不懈地付出努力以提升自己的人生价值
网络嵌入	Z11	大多数与贵公司相关的企业都了解贵公司的技术能力和产品
	Z12	大多数与贵公司相关的企业经常与贵公司进行技术或经验交流
	Z13	当需要技术建议或技术支持时，其他企业经常希望贵公司提供新知识或经验
	Z14	贵公司与供应商、用户、科研院所及其他机构之间的联系非常紧密
	Z15	行业内大部分的创新都是贵公司自己独立研发的
	Z21	贵公司经常与供应商进行经验、技术交流
	Z22	贵公司经常与客户进行市场经验、技术交流
	Z23	贵公司经常与行业内的企业进行经验、技术交流
	Z24	贵公司经常与政府、大学、银行等金融机构和行业中介机构进行联系
企业创新绩效	Y1	贵公司经常可以想出许多改善产品生产流程的不同方法
	Y2	贵公司有相当高的利润是来自新开发的产品或技术
	Y3	贵公司比主要竞争对手拥有更多数量的专利权
	Y4	贵公司的新产品或新技术开发速度比主要竞争对手更快
	Y5	贵公司的新产品或新技术开发的成功率比主要竞争对手更高
	Y6	贵公司的新产品销售比例水平比主要竞争对手更高
	Y7	贵公司的管理创新（如战略规划、用人、领导与控制等方面）能力比主要竞争对手更强

资料来源：作者整理。

本章首先依据第 3 章的探索性案例分析结果和实地访谈结果所提出的命题，结合学者们的研究成果，提出了高管个性特质、网络嵌入对企业创新绩效影响的相关假设，即高管的成就动机、风险倾向、前瞻性、外向性等个性特质对企业创新绩效的影响程度呈递增趋势；网络嵌入在高管个性特质与企业创新绩效间起中介作用。

本章围绕高管个性特质（自变量）、网络嵌入（中介变量）、企业创新绩效（因变量）、企业的组织特征（控制变量），借鉴国内外研究中成熟的量表，依据本书的研究目的和背景，对量表进行调整和修订。征求专家建议，与项目团队成员讨论，形成初步的李克特 7 级量表法的调查题项。通过在山东、江苏几家企业发放问卷，进行预调研，收集了有效样本数据。运用 SPSS23.0 统计软件进行信度与效度的检测。根据检测结果对题项进行了删减，结合被测试者的反馈和建议，对问卷做了进一步的优化，最终形成了本书的正式调查问卷，见附录 3。

第 5 章

高管个性特质、网络嵌入与企业创新绩效的实证研究

在第 4 章，我们构建了高管个性特质、网络嵌入与企业创新绩效关系的概念模型，提出了相关假设，这些假设需要企业实际数据来验证。如何验证高管个性特质、网络嵌入与企业创新绩效的关系？利用问卷调查数据，经过描述性统计、信度和效度分析、相关和回归分析、优势分析、结构方程模型等分析后，对第 4 章的假设进行检验。选择 Amos23.0 统计软件处理结构方程建模、验证性因子分析，其他分析选用 SPSS23.0 统计软件处理。

5.1 数据来源与统计特征

5.1.1 数据收集

通过发放调查问卷，收集与研究相关的企业数据。本书研究对象是企业高管，考虑到对高管的调研难度较大，而且高管对自己的个性特质评价也存在一定的主观性影响，因此问卷采取了较灵活的设计，既可以是高管自己填写问卷，也可以是企业其他相关人员依据他们对高管和公司的了解填写问卷。在问卷调查中，我们注意了以下三个问题：①慎重选取调查对象。本书研究需要的部分信息，只有企业中层以上领导和关键研发人员才能全面了解，基于这一事实，调查问卷的发放尽量选择这部分人员。②谨慎选择调查区域。一般调查研究都要考虑问卷回收的可能性和研究结论的普遍适

用性，为避免研究样本的区域群集现象，我们的调查范围较广，包括北京、上海、天津、山东、浙江、广东、江苏、福建等省市。③注意调查渠道多样化。调查研究数据的代表性和可靠性是最重要的，这可以通过调查渠道的选取避免。

在研究中，我们使用了各种问卷发放和回收渠道。①因作者所承担的校企合作课题，到企业中对相关人员进行了访谈并发放问卷，发放问卷 40 份，收回 40 份，其中 20 份为有效问卷，有效率为 50%。②通过委托管理咨询公司进行问卷发放与回收，回收有效问卷 22 份。③利用问卷星平台向作者所认识的企业高管，以及同学、家人、朋友、学生所在企业的相关人员发放问卷。通过问卷星平台一共收回问卷 230 份，有效问卷 178 份。

样本数据的收集主要集中在三个时间段，2018 年 5—6 月收集有效问卷 105 份，2018 年 9—10 月收集有效问卷 53 份，2019 年 1—2 月收集有效问卷 62 份，一共得到有效问卷 220 份，都用作分析样本，基本符合理论研究对有效问卷的要求。问卷的发放和回收情况如表 5-1 所示。

表 5-1　问卷的发放和回收情况　　单位：份

发放方式	咨询公司	问卷星	企业访谈	总计
发放数量	—	—	40	—
回收数量	30	230	40	300
有效问卷数量	22	178	20	220

5.1.2　样本企业的组织特征

样本企业的组织特征是指样本企业的一般属性，主要有企业所有权性质、是否被认定为高新技术企业、企业规模、成立年限、资产总额和近三年年均销售额六个方面。它们与企业创新绩效存在着一定的关系，利用统计分析，可以观察这六个方面因素对企业创新绩效的影响，样本企业的组织特征统计如表 5-2 所示。

表 5-2　样本企业的组织特征统计

变量	类别	问卷数量 / 份	占总体比例 /%
企业所有权性质	国有 / 国有控股	87	39.55
	民营企业	106	48.18
	外商独资	8	3.64
	中外合资	5	2.27
	其他	14	6.36
是否被认定为高新技术企业	是	77	35
	否	143	65
企业规模	49 人及以下	47	21.36
	50～99 人	26	11.82
	100～299 人	33	15
	300～499 人	20	9.09
	500～999 人	28	12.73
	1000 人及以上	66	30
成立年限	3 年及以下	43	19.55
	4～10 年	63	28.64
	11～30 年	60	27.27
	31～60 年	41	18.63*
	61 年及以上	13	5.91
资产总额	4000 万元以下	55	25
	4000 万～不足 1 亿元	29	13.18
	1 亿～不足 3 亿元	31	14.09
	3 亿～不足 10 亿元	35	15.91
	10 亿元及以上	70	31.82

续表

变量	类别	问卷数量 / 份	占总体比例 /%
近三年年均销售总额	100 万元以下	20	9.09
	100 万～不足 300 万元	12	5.46*
	300 万～不足 1000 万元	27	12.27
	1000 万～不足 3000 万元	22	10
	3000 万～不足 1 亿元	33	15
	1 亿～不足 3 亿元	30	13.64
	3 亿～不足 10 亿元	18	8.18
	10 亿元及以上	58	26.36

资料来源：调查问卷整理所得（* 为倒挤得出的数值）。

从样本地域（企业经营所在地）看，220 份有效样本的地域随机性较强，样本广泛分布在我国 19 个省或直辖市，其中，山东（56.96%）、北京（7.25%）、江苏（6.52%）和广东（5.78%）等地分布较多。

从所有权属性来看，样本涵盖了所有企业类型。其中，民营企业比重为 48.18%，占比最大。企业所有权属性不同，对创新的管理方法和态度不同，对创新绩效的影响也会不同。

从有效样本企业中看到，高新技术企业占到 35%，相对来说，比例较低，说明我国企业有待加强创新管理。

从有效样本的企业规模来看，1000 人及以上的大型企业最多，占总样本数的 30%，其次是 49 人及以下的小企业，占总样本数的 21.36%。由此可以发现，企业规模呈现出两头大、中间小的状态，说明大型企业或者是集团公司发展良好，小企业多而中等规模企业少，从而说明很多小企业生命周期短或者发展非常缓慢，很难成长到中等规模企业。

从有效样本的企业成立年限来看，长寿企业所占比例较低，4～10 年的企业占比最大，3 年及以下的企业占比不算低，说明新成立企业较多。

从所收集的有效样本的企业资产总额来看，与企业规模情况相似，也是呈现两头大、中间小的状态，4000 万元以下的企业占总样本数的 25%，10 亿元以上的企业占31.82%，中间的企业，以较小的比例均匀分布。由此可以看出，需要对中小企业进行政策支持或引导，中小企业需要进行变革和创新，才能成长和发展。

从所收集的有效样本的企业近三年年均销售总额来看，10亿元及以上年均销售总额占的比重最大，为26.36%；100万元以下年均销售总额占的比重较小，为9.09%；100万～不足300万元企业的销售总额占的比重较小，为5.46%；300万～不足10亿元各档次企业的销售总额占比相对比较均匀，本章将分析不同的企业销售总额是否会对企业创新绩效有影响。

5.1.3 高管人口特征的统计分析

由于样本企业分散太广，样本企业的规模等差距较大，在样本数量不算多的情况下，统计数据可能偏差较大。在问卷中设计的高管所持的股权比例（含具有表决权的代持股权）数量，为了计算方便，只统计是否持股。问卷中设计的高管现在或者过去是否有政治任职，设置了管理机构（公务员或事业编的行政管理部门）、高校或科研机构、银行等金融机构、没有这四个选项。为了计算方便，只统计高管是否有政治任职，凡是现在或者过去在前三项机构中工作过，统计为1，没有在这些机构中工作过，统计为0。高管人口特征问卷情况统计如表5-3所示。

表5-3 高管人口特征问卷情况统计

变量	类别	问卷数量 / 份	占总体比例 /%
年龄（Eage）	30岁及以下	15	6.82
	31～35岁	23	10.45
	36～40岁	28	12.73
	41～45岁	43	19.54*
	46～50岁	51	23.18
	51～55岁	39	17.73
	56～60岁	15	6.82
	61岁及以上	6	2.73

续表

变量	类别	问卷数量 / 份	占总体比例 /%
性别（Egender）	男	193	87.73
	女	27	12.27
学历（Eeducation）	高中、中专及以下	12	5.45
	大学专科	24	10.91
	大学本科	96	43.64
	硕士研究生	70	31.82
	博士研究生	18	8.18
任职时间（Etenure）	2 年以下	45	20.45
	2～5 年	63	28.64
	6～10 年	59	26.82
	11～20 年	40	18.18
	20 年以上	13	5.91
持股（Eown）	是	89	40.45
	否	131	59.55
政治任职（Epolitics）	是	94	42.73
	否	126	57.27

资料来源：调查问卷整理所得（* 为倒挤得出的数值）。

通过对有效问卷进行分析，可以看出，样本企业的高管年龄在 41～55 岁的，占总体样本的 60.45%；样本企业的高管主要是男性，占总体的 87.73%；高管是否持股差距比较大，有持股的占总体样本的 59.55%，几乎是 3/5；有政治任职的高管占总体样本的 42.73%，没有政治任职的高管占总体样本的 57.27%。

高管人口特征变量的描述性统计如表 5-4 所示。由表 5-4 可以看出，高管人口特征的样本数据偏度绝对值小于 3，峰度绝对值小于 4，呈现正态分布，符合研究要求。

表 5-4 高管人口特征变量的描述性统计

变量	编码	最小值	最大值	平均值	标准差	方差	偏度	峰度
年龄	Eage	1	8	4.38	1.735	3.010	–0.166	–0.596
性别	Egender（Egen）	0	1	0.88	0.325	0.106	–2.366	3.630
学历	Eeducation（Eedu）	1	5	2.72	0.944	0.892	0.344	0.160
任职时间	Etenure（Eten）	1	5	2.62	1.167	1.361	0.253	–0.820
持股	Eown	0	1	0.64	0.482	0.232	–0.577	–1.683
政治任职	Epolitics（Epol）	0	1	0.43	0.496	0.246	0.299	–1.928

资料来源：调查问卷整理所得。

5.1.4 研究变量的描述性统计

通过小样本预检验，相关研究变量的各题项效度和信度均通过检验，问卷各题项的描述统计见附录 1。从统计数据看出，所有样本数据偏度绝对值小于 2，峰度绝对值小于 4，呈现正态分布，符合研究要求。从表 5-5 各研究变量的条目合并描述统计结果和附录 1 可以看出，相关指标的样本均值都在 3 以上，全部数据偏度绝对值小于 2（附录 1），峰度绝对值小于 4（附录 1），基本符合正态分布，初步判断问卷设计和收集的数据都有合理性，可以进一步深入分析。

表 5-5 各研究变量的条目合并描述统计结果

变量	编号	维度	均值	标准差	变量均值
创新绩效	IP	创新绩效	4.560	1.295	4.560
高管个性特质	EEX	外向性	5.660	1.310	5.460
	ERP	风险倾向	4.979	1.252	
	EAM	成就动机	5.714	1.176	
	EPP	前瞻性	5.520	1.307	
网络嵌入	NTS	网络关系强度	3.600	1.385	4.122
	ND	网络密度	4.644	1.236	

资料来源：根据 SPSS23.0 结果整理。

5.2　数据质量评估

本书将使用 SPSS23.0 和 Amos23.0 统计软件，对所收集到的有效数据，采用 Cronbach's α 系数和验证性因子分析进行数据的效度和信度分析。

5.2.1　数据信度评估

首先对收集到的数据进行信度检验，如果各变量及其维度的 Cronbach's α 系数均在 0.7 以上，就说明数据符合研究要求，可以进一步分析。

各变量及其维度的信度检验结果如表 5-6 所示，从中可以看出，各变量及其维度的 Cronbach's α 系数都大于 0.7。根据学者农纳利（Nunnally，1978）的标准，该量表的信度比较高，符合衡量标准，量表的稳定性及一致性程度都较高，可以做进一步分析。

表 5-6　各变量及其维度的信度检验结果

<table>
<tr><th>变量</th><th>指标</th><th>题项</th><th colspan="2">各变量及其维度的
Cronbach's α 系数</th></tr>
<tr><td colspan="2">创新绩效</td><td>Y1、Y2、Y3、Y4、Y5、Y6、Y7</td><td colspan="2">0.923</td></tr>
<tr><td rowspan="4">高管个性特质</td><td>外向性</td><td>X111、X112、X113、X114、X115</td><td>0.927</td><td rowspan="4">0.968</td></tr>
<tr><td>风险倾向</td><td>X121、X122、X123</td><td>0.860</td></tr>
<tr><td>前瞻性</td><td>X131、X132、X133、X134</td><td>0.948</td></tr>
<tr><td>成就动机</td><td>X141、X142、X143、X144、X145</td><td>0.935</td></tr>
<tr><td rowspan="2">网络嵌入</td><td>网络密度</td><td>Z11、Z12、Z13、Z14、Z15</td><td>0.782</td><td rowspan="2">0.833</td></tr>
<tr><td>网络关系强度</td><td>Z21、Z22、Z23、Z24</td><td>0.797</td></tr>
</table>

资料来源：作者整理。

5.2.2　数据效度评估

本书已对各变量的测量题项通过探索性因子分析进行了预检验，效度信度已通过检验。为了检验正式量表在调查中的效度，采用 Amos23.0 统计软件分别对各变量进行验证性因子分析。

1. 高管个性特质的效度评估

高管个性特质测量模型如图 5.1 所示，其拟合结果，即高管个性特质验证性因子分析结果如表 5-7 所示。高管个性特质的四个维度外向性、风险倾向、前瞻性、成就动机与各测量题项（显变量）之间的路径系数，都在 $P<0.001$ 的水平上显著，并且各变量的因子载荷都大于 0.5。从拟合指数看，χ^2=192.871；自由度 df=72；CFI、NFI、TLI 等拟合指数均高于 0.9；GFI=0.886（>0.8），可以接受；残差形态指标 RMSEA=0.088（<0.1），各项指标结果达到衡量标准。依据吴明隆（2010）的建议，图 5.1 的高管个性特质测量模型的结构效度通过了因子分析检验，结果符合研究要求。

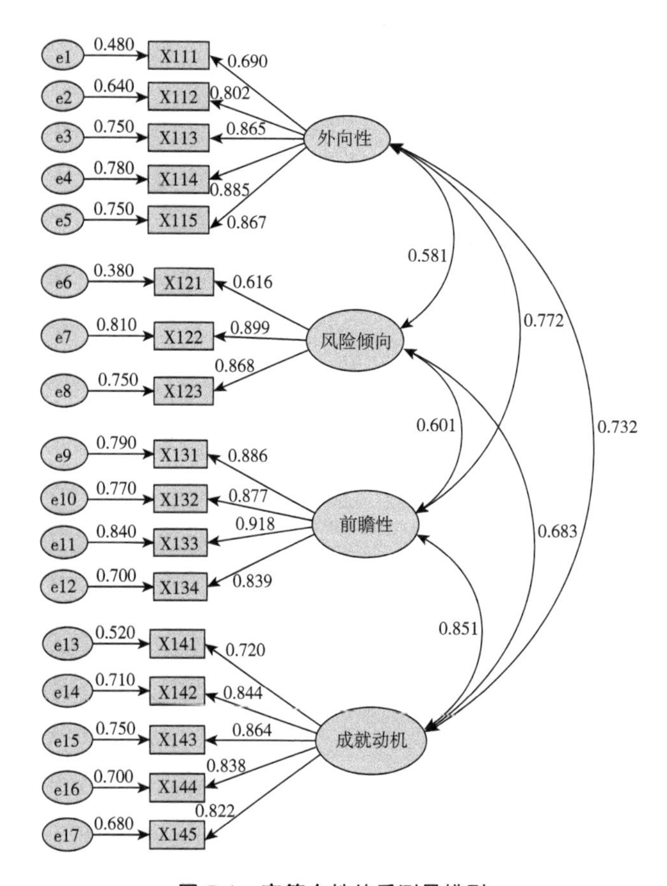

图 5.1　高管个性特质测量模型

资料来源：Amos23.0 输出结果。

表 5–7　高管个性特质验证性因子分析结果

路径			标准化系数	非标准化系数	S.E.	C.R.	P
X115	<---	外向性	0.867	1.000			
X114	<---	外向性	0.885	1.081	0.061	17.732	***
X113	<---	外向性	0.865	1.140	0.067	17.000	***
X112	<---	外向性	0.802	0.972	0.065	14.876	***
X111	<---	外向性	0.690	0.816	0.069	11.786	***
X134	<---	前瞻性	0.839	1.000			
X133	<---	前瞻性	0.918	1.000	0.055	18.036	***
X132	<---	前瞻性	0.877	1.058	0.063	16.669	***
X131	<---	前瞻性	0.886	0.998	0.059	16.973	***
X123	<---	风险倾向	0.868	1.000			
X122	<---	风险倾向	0.899	0.974	0.065	15.096	***
X121	<---	风险倾向	0.616	0.573	0.059	9.707	***
X145	<---	成就动机	0.822	1.000			
X144	<---	成就动机	0.838	1.018	0.069	14.722	***
X142	<---	成就动机	0.844	0.990	0.067	14.883	***
X141	<---	成就动机	0.720	0.827	0.070	11.881	***
X143	<---	成就动机	0.864	0.989	0.064	15.438	***
χ^2=192.871；df=72；χ^2/df≈2.679；RMSEA=0.088；CFI=0.955；NFI=0.931；TLI=0.953；GFI=0.886							

注：S.E. 是标准误差，表示估计值的平均误差，是一种随机误差，是由偶然性因素产生的，不可避免；C.R. 相当于统计中的 t 值，大于 1.96 就可以；P 为显著性，*** 表示 $P<0.001$，** 表示 $P<0.01$，* 表示 $P<0.05$。

资料来源：根据 Amos23.0 输出结果整理。

2. 企业创新绩效的效度评估

企业创新绩效测量模型如图 5.2 所示，其拟合结果，即企业创新绩效的验证性因子分析结果如表 5–8 所示。企业创新绩效与各题项之间的路径系数，都在 $P<0.001$ 的水平上显著，并且各变量的因子载荷都大于 0.5。从拟合指数看，

χ^2=38.204；自由度 df=13；CFI、NFI、TLI、GFI 四个拟合指数都高于 0.9；RMSEA=0.092（<0.1），各个适配度指标均符合要求。因此，企业创新绩效测量模型的结构效度通过了因子分析检验，结果符合研究要求。

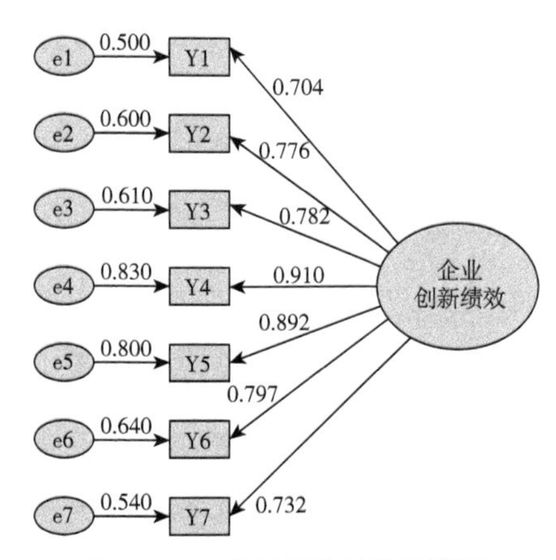

图 5.2 企业创新绩效测量模型

资料来源：Amos23.0 输出结果。

表 5-8 企业创新绩效的验证性因子分析结果

路径			标准化系数	非标准化系数	S.E.	C.R.	*P*
Y7	<---	企业创新绩效	0.732	1.000			
Y6	<---	企业创新绩效	0.797	1.095	0.093	11.834	***
Y5	<---	企业创新绩效	0.892	1.192	0.089	13.342	***
Y4	<---	企业创新绩效	0.910	1.255	0.092	13.623	***
Y3	<---	企业创新绩效	0.782	1.129	0.097	11.587	***
Y2	<---	企业创新绩效	0.776	1.109	0.096	11.498	***
Y1	<---	企业创新绩效	0.704	0.959	0.093	10.361	***
χ^2=38.204; df=13; $\chi^2/df\approx$2.939; RMSEA=0.092; CFI=0.977; NFI=0.965; TLI=0.962; GFI=0.952							

注：S.E. 是标准误差，表示估计值的平均误差，是一种随机误差，是由偶然性因素产生的，不可避免；C.R. 相当于统计中的 t 值，大于 1.96 就可以；P 为显著性，*** 表示 $P<0.001$，** 表示 $P<0.01$，* 表示 $P<0.05$。

资料来源：根据 Amos23.0 输出结果整理。

3. 网络嵌入的效度评估

网络嵌入测量模型如图 5.3 所示，其拟合结果，即网络嵌入变量的验证性因子分析结果如表 5-9 所示。网络嵌入的网络关系强度和网络密度两个维度与各测量题项之间的路径系数都在 $P<0.001$ 的水平上显著，并且各变量的因子载荷都大于 0.5。从拟合指数看，$\chi^2=38.204$; $df=13$; CFI、NFI、TLI、GFI 四个拟合指数都高于 0.9; RMSEA=0.095（<0.1）各个适配指标均符合要求。因此，网络嵌入测量模型的结构效度通过了因子分析检验，结果符合研究要求。

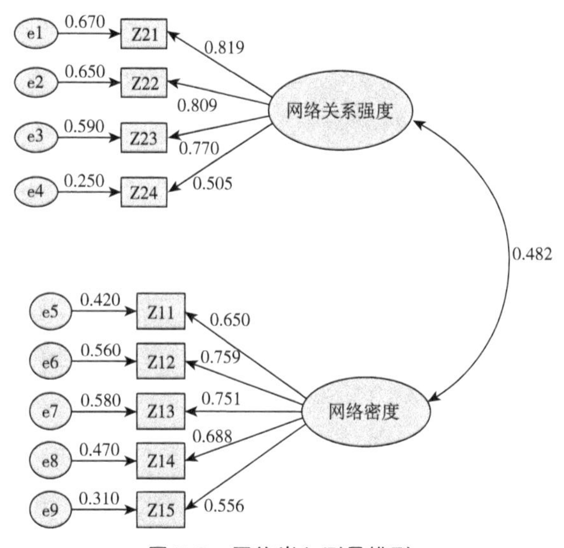

图 5.3 网络嵌入测量模型

资料来源：Amos23.0 输出结果。

表 5-9 网络嵌入变量的验证性因子分析结果

路径			标准化系数	非标准化系数	S.E.	C.R.	*P*
Z23	<---	网络关系强度	0.770	1.000			
Z24	<---	网络关系强度	0.505	0.750	0.107	7.036	***
Z22	<---	网络关系强度	0.809	1.126	0.099	11.388	***
Z21	<---	网络关系强度	0.819	1.120	0.098	11.481	***
Z12	<---	网络密度	0.759	1.000			

续表

路径			标准化系数	非标准化系数	S.E.	C.R.	*P*
Z11	<---	网络密度	0.650	0.824	0.094	8.797	***
Z13	<---	网络密度	0.751	0.948	0.095	10.031	***
Z14	<---	网络密度	0.688	0.884	0.095	9.287	***
Z15	<---	网络密度	0.556	0.759	0.101	7.525	***
χ^2=38.204；*df*=13；χ^2/df≈2.939；RMSEA=0.095；CFI=0.925；NFI=0.905；TLI=0.906；GFI=0.928							

注：S.E. 是标准误差，表示估计值的平均误差，是一种随机误差，是由偶然性因素产生的，不可避免；C.R. 相当于统计中的 *t* 值，大于 1.96 就可以；*P* 为显著性，*** 表示 $P<0.001$，** 表示 $P<0.01$，* 表示 $P<0.05$。

资料来源：根据 Amos23.0 输出结果整理。

5.3　层次回归分析

本章将采用层次回归分析和优势分析验证第 4 章提出的假设。利用层次回归分析检验高管个性特质对企业创新绩效的影响，以及网络嵌入是否有中介作用，用优势分析探讨高管个性特质对企业创新绩效影响的大小。

5.3.1　Pearson 相关分析

运用 SPSS23.0 对模型中的变量做 Pearson 相关分析，变量相关系数如表 5-10 所示。采用佩莱德、艾森哈特、辛（Pelled，Eisenhardt，Xin，1999）检验多重共线性的方法，除高管外向性、前瞻性、成就动机之间的两两相关性略大于 0.6 外，其余相关性均低于多重共线性问题的临界标准 0.6，不构成严重影响（汪金爱，章凯，赵三英，2012），各研究变量之间不存在严重的多重共线性问题，可以做进一步分析。

表 5-10　变量相关系数

变量	均值	方差	EEX	ERP	EPP	EAM	Eage	Egen	Eedu	Eten	Eown	Epol	ND	NTS	IP
EEX	5.65	1.342	1												
ERP	4.67	1.529	0.469**	1											
EPP	5.49	1.339	0.727**	0.544**	1										
EAM	5.70	1.181	0.680**	0.584**	0.783**	1									
Eage	4.38	1.735	0.004	-0.183*	-0.077	-0.002	1								
Egen	0.88	0.325	0.143*	0.152*	0.164*	0.210**	0.203**	1							
Eedu	2.72	0.944	0.118	0.017	0.123	0.085	-0.018	0.032	1						
Eten	2.62	1.167	0.085	0.052	0.051	0.106	0.369**	-0.038	-0.130	1					
Eown	0.64	0.482	-0.008	-0.015	-0.052	-0.128	-0.035	-0.042	0.013	0.040	1				
Epol	0.43	0.496	-0.116	-0.065	-0.058	-0.041	-0.032	0.003	-0.270**	-0.100	-0.083	1			
ND	4.90	1.241	0.516**	0.299**	0.569**	0.515**	-0.042	0.133	-0.114	0.009	-0.082	-0.032	1		
NTS	3.60	1.385	0.269**	0.246**	0.301**	0.216**	-0.136*	-0.058	-0.201**	-0.173*	-0.050	0.042	0.440**	1	
IP	4.41	1.480	0.516**	0.477**	0.524**	0.447**	-0.094	0.114	0.170*	0.013	0.084	-0.102	0.615**	0.407**	1

注：P 为显著性，** 表示 $P<0.01$，* 表示 $P<0.05$（双尾）。变得相关系数用 β 表示。

EEX 外向性；ERP 风险倾向；EPP 前瞻性；EAM 成就动机；Eage 年龄；Egen 性别；Eedu 学历；Eten 任职时间；Eown 持股；Epol 政治任职；ND 网络密度；NTS 网络关系强度；IP 企业创新绩效。

通过表 5-10 发现，作为自变量的高管个性特质（外向性、风险倾向、成就动机、前瞻性），作为中介变量的企业网络嵌入（网络密度、网络关系强度）和作为因变量的企业创新绩效，所有变量两两相关，且呈显著相关关系。这说明本书的模型和假设存在着较高的合理性，这一结果与前文所提出的假设是基本吻合的。

高管外向性、风险倾向，前瞻性、成就动机都与企业创新绩效呈显著正相关关系。从相关系数看，前瞻性（β=0.524，$P<0.01$）> 外向性（β=0.516，$P<0.01$）> 风险倾向（β=0.477，$P<0.01$）> 成就动机（β=0.447，$P<0.01$）。

高管外向性与网络密度呈显著正相关关系（β=0.516，P<0.01），与网络关系强度呈显著正相关关系（β=0.269，P<0.01）；风险倾向与网络密度呈显著正相关关系（β=0.299，P<0.01），与网络关系强度呈显著正相关关系（β=0.246，P<0.01）；前瞻性与网络密度呈显著正相关关系（β=0.569，P<0.01），与网络关系强度呈显著正相关关系（β=0.301，P<0.01）；成就动机与网络密度呈显著正相关关系（β=0.515，P<0.01），与网络关系强度呈显著正相关关系（β=0.216，P<0.01），可以看出高管个性特质四个维度都与网络嵌入的两个维度显著正相关，初步判定假设 3 成立。

网络密度与企业创新绩效呈显著正相关关系（β=0.615，P<0.01）；网络关系强度与企业创新绩效呈显著正相关关系（β=0.407，P<0.01），初步判定假设 2 成立。

高管年龄、性别、学历、任职时间、持股、政治任职与企业创新绩效的相关系数均小于 0.3，除了高管学历在 P<0.05 上显著，其余变量均不显著，这说明高管人口特征与企业创新绩效的相关度不大，后面将通过回归分析再详细考察高管人口特征。

5.3.2 高管个性特质、网络嵌入对企业创新绩效的影响

根据问题性质，本书选用层次回归分析来验证高管个性特质、网络嵌入与企业创新绩效之间的关系。为了保证回归结果的可靠性和科学性，进行多元线性回归分析之前，最好先对回归模型进行多重共线性检验及序列相关检验，一般用容忍度和方差膨胀因子（VIF）的数值进行判断（刘军，2008）。容忍度越小，多重共线性越严重，一般认为容忍度小于 0.1 时，存在严重的共线性；方差膨胀因子即容忍度的倒数，一般认为其不应大于 5，计量经济学通常认为 VIF>10 时才表示多重共线性较强。变量的多重共线性分析如表 5-11 所示。

表 5-11 变量的多重共线性分析

变量	容忍度	VIF
股权性质	0.851	1.175
是否高新技术企业	0.896	1.117
企业规模	0.389	2.570
成立年限	0.709	1.410

续表

变量	容忍度	VIF
资产总额	0.334	2.996
近三年年均销售总额	0.383	3.439
EEX	0.418	2.390
ERP	0.604	1.654
EPP	0.307	3.312
EAM	0.311	3.325
ND	0.549	1.821
NTS	0.500	1.998
D-W 值为 1.909		

注：D-W，德宾 - 沃森检验（D-W 检验）。德宾 - 沃森检验（D-W 检验）D-W 值接近于 2，可以认为模型中误差项基本上是独立的，样本容量不存在一阶自相关性。

资料来源：根据 SPSS23.0 输出结果整理。

从表 5-11 可以看出，D-W 值接近于 2，可以认为模型中误差项基本上是独立的；所有变量的容忍度均大于 0.1，VIF<3.5，也就是都小于 5（衡量标准），这说明变量间多重共线性不严重，可以进行多元线性回归分析。

高管个性特质、网络嵌入等变量与企业创新绩效的回归分析结果如表 5-12 所示。表中共有 3 个模型，模型 1 的解释变量为控制变量，用以分析企业所有权性质、是否高新技术企业、企业规模、成立年限、资产总额、近三年年均销售总额对企业创新绩效的影响；模型 2 在控制变量的基础上增加了高管个性特质四个维度，以分析高管个性特质与企业创新绩效的关系；模型 3 在模型 2 的基础上增加了网络密度、网络关系强度，以验证网络嵌入与企业创新绩效的关系。

表 5-12　各变量与企业创新绩效的回归分析结果

变量		模型 1	模型 2	模型 3
（常量）		4.222***	0.604	−0.596
控制变量	企业所有权性质	0.126	0.133	0.207**
	是否高新技术企业	0.716***	0.457**	−0.360**
	企业规模	−0.073	−0.066	−0.085
	成立年限	0.049	0.021	0.007
	资产总额	0.079	0.086	0.087
	近三年年均销售总额	0.112*	0.023	0.021

续表

变量		模型 1	模型 2	模型 3
解释变量	EEX		0.274^{**}	0.169^{**}
	ERP		0.239^{***}	0.245^{***}
	EPP		0.241^{**}	0.041
	EAM		−0.060	−0.090
中介变量	ND			0.490^{***}
	NTS			0.137^{*}
模型统计量	R^2	0.093	0.390	0.541
	调整后 R^2	0.067	0.361	0.509
	F 值	3.608^{***}	13.238^{***}	17.082^{***}

注：因变量是企业创新绩效；表中回归系数为未标准化回归系数用α表示；P 为显著性，*、**、*** 分别表示 $P<0.05$，$P<0.01$，$P<0.001$。

表 5–12 中模型 1 描述的是控制变量与因变量的关系，6 个控制变量共解释了企业创新绩效总体方差的 9.3%，说明控制变量对企业创新绩效有一定的影响，企业是否高新技术企业显著性为 0.000，在 $P<0.001$ 的水平上显著，说明高新技术企业对企业创新绩效有显著的正向影响作用，能比较好地预测企业创新绩效；近三年年均销售总额，在 $P<0.05$ 的水平上显著，说明对企业创新绩效有比较显著的正向影响作用，能比较好地预测企业创新绩效；其他变量都没有显著影响；企业规模与企业创新绩效呈负相关，说明企业规模越大，创新难度可能越大。总体来看，控制变量对企业创新绩效有一定的影响，因此，考虑这些控制变量，可以更加准确地解释其他变量之间的关系。

模型 2 描述的是高管个性特质加上控制变量与因变量的关系。模型 2 中的 R^2 值（0.390）比模型 1 的 R^2（0.093）有显著性提高（$P<0.001$），说明高管个性特质对企业创新绩效有重要的解释作用。从表 5–12 可以看出，高管的外向性（$\alpha=0.274$，$P<0.01$）、风险倾向（$\alpha=0.239$，$P<0.001$）、前瞻性（$\alpha=0.241$，$P<0.01$）的回归系数都为正且影响显著，说明了高管外向性、风险倾向和前瞻性对企业创新绩效均有显著的正向影响，高管的成就动机对企业创新绩效的回归系数为 −0.060，且影响不显著，说明高管的成就动机对企业创新绩效影响非常小。从模型 2 可以看出，对企业创新绩效影响的排序为高管的外

向性（α =0.274，P<0.01）> 前瞻性（α =0.241，P<0.01）> 风险倾向（α =0.239，P<0.001）> 成就动机（α =–0.060），假设 1 成立。

模型 3 描述的是企业网络嵌入加上控制变量与因变量的关系。模型 3 中的 R^2 值（0.541）比模型 2 的 R^2（0.390）有显著性提高（P<0.001），说明网络嵌入对企业创新绩效也有重要的解释作用。网络密度的回归系数（α =0.490，P<0.001）为正且影响显著，网络关系强度的回归系数（α =0.137，P<0.05）为正且影响显著，表明网络密度和网络关系强度都对企业创新绩效有显著的正向影响。

在新的变量加入之后，一些原有变量的显著性发生了变化。当将网络嵌入的两个构成维度纳入模型之后，高管个性特质的两个构成维度要素的回归系数有所降低，如高管外向性从 0.274 降至 0.169，前瞻性从 0.241 降至 0.041，说明网络嵌入在高管外向性、前瞻性与企业创新绩效之间分别起到中介作用；风险倾向和成就动机回归系数有所提高，说明网络嵌入在高管风险倾向、成就动机与企业创新绩效之间没有起到中介作用。由此看出，高管个性特质对企业创新绩效的作用部分是通过网络嵌入中介传递的，因而假设 H4 部分通过验证。

5.3.3　高管个性特质的相对重要性分析

由于本书关注的是高管个性特质对企业创新绩效的不同影响程度，因此主要分析高管个性特质四个指标的相对重要性，为此，使用了最近在管理学、心理学和社会学中广泛使用的相对重要性（Relative Important，RI）分析方法，RI 的基本思想是形成比较模型后计算反映不同解释变量的相对重要性。

传统上已经使用双变量相关系数、标准回归系数（β 权重）来检验多元回归背景下的变量重要性，但当与预测变量相关时，这些指数不能正确地划分方差，会提供对预测变量重要性的失真估计，因此这些指标不适合解决有关相对重要性的问题。为了解决这一统计缺陷，布德斯库（Budescu，1993）提出了优势分析，约翰逊（Johnson，2000）提出了相对权重分析，这两种相对重要性统计方法已被组织研究人员和从业人员广泛接受。

优势分析通过检查 R^2 的变化来解决相对重要性的问题，该变化是由于在所有可能的子集回归模型中添加了预测变量而引起的。通过对所有可能的模型进行平均（半偏相关平方的平均），可以获取预测变量的一般优势权重，该权重可以直接解决变量的贡献，也可以与其他预测变量结合使用，同时克服了与相关预测变量相关的问题。优势权重定义为在所有可能的子集回归中，预测变量对模型 R^2 的平均有用性或平均贡献。优势权重（C_j）通过对在所有可能的子集回归模型中获得的预测变量的半偏相关平方（ΔR^2）进行平均来计算，即 $C_j=\sum\Delta R^2/n$，是对回归模型中解释变量或者解释变量集的贡献进行测算的最为有效的工具。优势权重是对所有子集模型进行回归以计算每个变量的相对贡献，并使用平均值作为变量的最终计算贡献度（相对重要性）。

根据表 5-10 变量相关系数可以看出，高管个性特质的四个维度两两相关，因此，不适合用标准化回归系数直接比较影响大小，本书采用优势分析判断几个变量对企业创新绩效的相对重要性。根据托尼丹德尔、勒布雷顿（Tonidandel，LeBreton，2011）和克拉西科娃、勒布雷顿、托尼丹德尔（Krasikova，LeBreton，Tonidandel，2011）提出的优势分析的标准化程序，对本书的高管个性特质进行优势分析。

通过表 5-12 模型 2 和模型 3 可以看出，高管成就动机特质对企业创新绩效影响不显著，其他三个个性特质影响都显著。因此，只对显著影响的三个个性特质进行优势权重分析。高管个性特质的回归结果如表 5-13 所示。

表 5-13　高管个性特质的回归结果

变量	模型 1	模型 2	模型 3	模型 4	模型 5	变量	模型 6	模型 7	模型 8	模型 9
企业所有权性质	0.089	0.094	0.099	0.087	0.099	企业所有权性质	0.095	0.101	0.095	0.097
是否高新技术企业	0.230***	0.147**	0.173**	0.184**	0.162**	是否高新技术企业	0.159**	0.157**	0.154**	0.150
企业规模	−0.096	−0.086	−0.097	−0.074	−0.106	企业规模	−0.083	−0.103	−0.090	−0.089
成立年限	−0.038	0.017	−0.003	−0.005	0.016	成立年限	0.009	0.015	0.020	0.018
资产总额	0.085	0.093	0.122	0.044	0.122	资产总额	0.085	0.128	0.087	0.095
近三年年均销售总额	0.175	0.035	0.039	0.136	0.034	近三年年均销售总额	0.051	0.013	0.052	0.032

续表

变量	模型 1	模型 2	模型 3	模型 4	模型 5	变量	模型 6	模型 7	模型 8	模型 9
EEX		0.248^{**}				EEX	0.351^{***}			
ERP		0.247^{***}				ERP	0.286^{***}			
EPP		0.218^{**}								
EAM		−0.048								
EEX			0.484^{***}			EEX		0.276^{***}		
						EPP		0.296^{***}		
ERP				0.442^{***}		ERP			0.262^{***}	
						EPP			0.349^{***}	
EPP					0.492^{***}	EEX				0.239^{**}
						ERP				0.236^{***}
						EPP				0.194^{**}
模型统计量 R^2	0.093	0.390	0.311	0.283	0.315	模型统计量 R^2	0.374	0.351	0.363	0.389
调整后 R^2	0.067	0.361	0.288	0.259	0.293	调整后 R^2	0.350	0.326	0.339	0.363
F 值	3.608^{***}	13.238^{***}	13.527^{***}	11.828^{***}	13.819^{***}	F 值	15.609^{***}	14.131^{***}	14.900^{***}	14.734^{***}

注：因变量是企业创新绩效；表中回归系数为标准化回归系数；P 为显著性，*、**、*** 分别表示 $P<0.05$，$P<0.01$，$P<0.001$。

通过表 5-13 的结果可以计算出高管外向性的优势权重为：

$C_1=(0.516+0.374-0.283+0.351-0.315+0.389-0.363)/4\approx 0.167$

高管风险倾向的优势权重为：

$C_2=(0.283+0.374-0.311+0.363-0.315+0.389-0.351)/4=0.108$

高管前瞻性的优势权重为：

$C_3=(0.524+0.351-0.311+0.363-0.283+0.389-0.374)/4\approx 0.165$

因为 $C_1>C_3>C_2$，所以高管外向性的相对重要性 > 高管前瞻性的相对重要性 > 高管风险倾向的相对重要性，也就是说，高管外向性对企业创新绩效的影响 > 高管前瞻性对企业创新绩效的影响 > 高管风险倾向对企业创新绩效的影响。从表 5-12 中发现高管成就动机对企业创新绩效的影响不显著，因此，高管成就动机、高管风险倾向、高管前瞻性、高管外向性四个个性特质对企业创新绩效的影响依次递增，假设 H1 通过验证。

5.3.4 高管人口特征对企业创新绩效的影响

为了验证高管年龄、性别、学历、任期、持股、政治任职，以及企业规模等控制变量之间是否存在多重共线性，我们用 SPSS23.0 统计软件对 6 个自变量和 6 个控制变量进行多重共线性分析。变量的多重共线性分析如表 5-14 所示。结果显示，D-W 值接近于 2，可以认为模型中误差项基本上是独立的；所有变量的容忍度都大于 0.3，VIF 都小于 3，说明变量间多重共线性不严重，可以进行多元线性回归分析。

表 5-14 变量的多重共线性分析

变量	容忍度	VIF
企业所有权性质	0.892	1.121
是否高新技术企业	0.893	1.120
企业规模	0.386	2.590
成立年限	0.693	1.444
资产总额	0.334	2.862
近三年年均销售总额	0.302	2.908
Eage	0.752	1.330
Eten	0.899	1.113
Egen	0.841	1.189
Eedu	0.790	1.266
Eown	0.940	1.064
Epol	0.876	1.141
D-W 值为 1.89		

资料来源：根据 SPSS23.0 结果整理。

高管人口特征对企业创新绩效的影响回归结果如表 5-15 所示，共有 6 组模型。模型 1 的解释变量为控制变量，以验证企业所有权性质、是否高新技术企业、企业规模、成立年限、资产总额、近三年年均销售总额对企业创新绩效的影响。模型 2.1 和模型 2.2 考虑的是高管年龄与企业创新绩效的关系。模型 2.2 在模型 2.1 的基础上添加了高管年龄二次方，以分析高管年龄和企业创新绩效的非线性关系。模型 3.1 和模型 3.2 是考察高管任期与企业创新绩效的关系，模型 3.2 是在模型 3.1 的基础上添加高管任期二次方，以考察高管任期与企业创新绩效的非线性关系。模型 4 考察了高管性别、学历、持股、政治任职与企业创新绩效的关系。

表 5-15　高管人口特征对企业创新绩效的影响回归结果

变量		模型 1	模型 2.1	模型 2.2	模型 3.1	模型 3.2	模型 4
（常量）		5.009***	5.296***	5.667***	5.575***	5.447***	6.956***
控制变量	企业所有权性质	0.061	0.081	0.080	0.078	0.077	0.088
	是否高新技术企业	0.534***	0.521***	0.528***	0.0521***	0.533***	0.431**
	企业规模	−0.071	−0.060	−0.064	−0.064	−0.062	−0.091
	成立年限	0.066	0.037	0.034	0.042	0.045	0.044
	资产总额	0.025	0.029	0.032	0.040	0.044	0.031
	近三年年均销售总额	0.134*	0.154**	0.153**	0.150**	0.148**	0.147**
Eage			0.135**	0.336*	0.329*	0.355*	0.493**
$Eage^2$				−0.024	−0.022	−0.025	−0.041*
Eten					0.043	0.214	0.178
$Eten^2$						−0.032	−0.023
Egen							0.581**
Eedu							0.237**
Eown							0.217
Epol							0.253
模型统计量	R^2	0.081	0.109	0.114	0.115	0.116	0.167
	调整后 R^2	0.055	0.08	0.08	0.076	0.073	0.11
	F 值	3.111***	3.689***	3.349***	2.997***	2.713***	2.914***

注：因变量是企业创新绩效；表中回归系数为未标准化回归系数用 α 表示；P 为显著性，*、**、*** 分别表示 $P<0.05$，$P<0.01$，$P<0.001$。

表 5-15 中的模型 1 是控制变量对企业创新绩效的影响，与表 5-12 结果一样，不再重复分析。

表 5-15 中的模型 2.1 描述的是加上控制变量后高管年龄与企业创新绩效的关系。结果显示，高管年龄（α =0.135，$P<0.01$）对企业创新绩效有显著的正向

影响，也就是说，随着高管年龄增加，企业创新绩效提高。模型 2.2 描述的是高管年龄与企业创新绩效呈现非线性关系，是在模型 2.1 上添加了年龄的二次方，用以考察年龄与企业创新绩效的非线性关系，两个模型相比，各变量系数没有明显的变化，表明年龄二次方的添加没有影响到其他变量与因变量的关系。模型 2.2 中显示年龄的二次方系数为负，表明高管年龄与企业创新绩效呈倒 U 形关系，也就是说，当高管年轻的时候，随着年龄增加，企业创新绩效提升；直到年龄增加到某个拐点后，高管考虑到职业安全性等问题，可能更倾向于稳健经营，企业创新绩效随之下降。

模型 3.1 描述的是高管任期与企业创新绩效的关系。结果显示，高管任期（$\alpha = 0.043$）与企业创新绩效呈不显著的正相关，高管任期延长，企业创新绩效提升。随着任期的增加，高管完全了解行业的运行规则，非常清楚企业如何运行能获取有价值的信息、技术、资源等，可以促进企业创新绩效的提升，同时任期所积累的社会资本等也能帮助高管获取更好的企业创新绩效。模型 3.2 在模型 3.1 的基础上添加了高管任期的二次方，两个模型相比，各变量系数没有明显的变化，表明高管任期二次方的添加，没有影响到其他变量与因变量的关系。高管任期二次方的系数为负，表明高管任期与创新绩效呈倒 U 形关系，说明高管任期到某一拐点后，高管对企业的发展理念趋向于稳定，企业创新绩效随之下降。

模型 4 描述的是高管性别、学历、持股、政治任职与企业创新绩效的关系。结果显示，高管性别（$\alpha =0.581$，$P<0.01$）与企业创新绩效显著正相关，意味着，与女性高管相比，男性高管对应的企业创新绩效更高，说明男性高管比女性高管更有利于企业创新绩效提升。高管学历（$\alpha =0.237$，$P<0.01$）显著正向影响企业创新绩效，高管学历越高，越有助于企业创新绩效提升。高管持股（$\alpha = 0.217$）与企业创新绩效呈不显著的正相关关系，高管持股越多，可能创新动机越强，有利于企业创新绩效提升。高管政治任职（$\alpha =0.253$）与企业创新绩效呈不显著的正相关关系，曾经在政府、行政管理部门、事业单位、金融部门等工作过的高管，有丰富的政治关系，更有获取各种网络关系和资源的优势，有助于企业创新绩效的提升。

从表 5-15 可以看出高管人口特征对企业创新绩效有比较显著的影响，其中高管年龄、高管任期与企业创新绩效都呈倒 U 形关系，随着高管年龄（或任期）增加，企业创新绩效提升；随着高管年龄（或任期）增加到某个拐点后，高管考虑到职业安全性等问题，以及对企业发展理念的转变，可能更倾向于稳健经营，企业创新绩效随之下降；高管学历越高，企业获取较高创新绩效的可能性越大；高管持股越多，企业获取较高创新绩效的可能性越大；男性高管比女性高管在取得企业创新绩效上有更大的优势。

5.4　高管个性特质对企业创新绩效的作用机制模型分析

本书第 4 章 4.1 的理论推导表明，高管个性特质对企业创新绩效具有直接影响，通过回归分析验证了两者的关系。为了探讨高管个性特质对企业创新绩效的影响路径，以及深入分析网络嵌入在两者之间的中介效应的大小，需要通过结构方程模型分析高管个性特质的直接影响效应和间接影响效应，以判断网络嵌入的中介效应大小。通过本章 5.2 数据质量评估中的数据信度检验和效度检验，各观测值和变量的数据信度和效度都通过检验，符合研究要求，可以进一步用结构方程模型进行深入研究。

5.4.1　高管个性特质对企业创新绩效的直接效应

将高管个性特质分为外向性、风险倾向、前瞻性、成就动机四个潜变量，利用 Amos23.0 绘制路径关系，形成高管个性特质对企业创新绩效直接效应初始模型，如图 5.4 所示。模型中共有四条路径，对应第 4 章 4.1 中的假设 1。

运用样本数据对该模型进行初步估计，高管个性特质对企业创新绩效直接效应初始模型拟合结果如表 5-16 所示。χ^2=571.527；df=244；$\chi^2/df\approx$2.342，大于 2，基本满足指标限值；拟合指数 CFI 高于 0.9；NFI、TLI、GFI 小于 0.9，且 RMSEA=0.074>0.05，因此初始模型的拟合效果欠佳，有待修正。

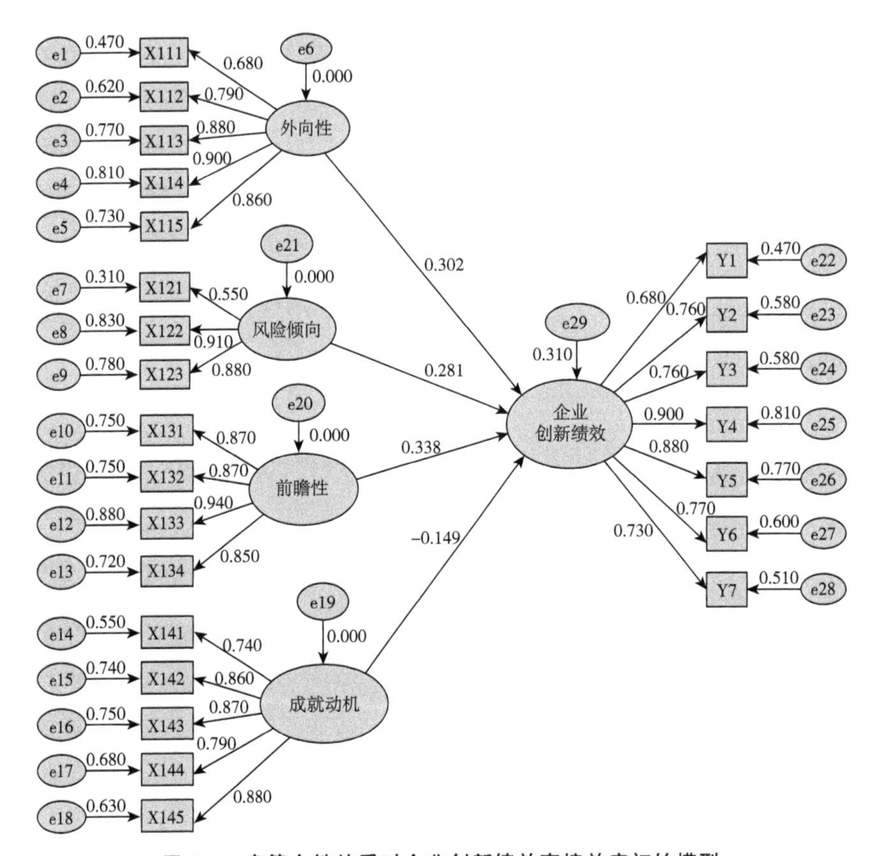

图 5.4　高管个性特质对企业创新绩效直接效应初始模型

资料来源：Amos23.0 输出结果。

表 5-16　高管个性特质对企业创新绩效直接效应初始模型拟合结果

路径			标准化系数	非标准化系数	S.E.	C.R.	*P*
外向性	--->	企业创新绩效	0.302	0.278	0.062	4.484	***
风险倾向	--->	企业创新绩效	0.281	0.206	0.050	4.137	***
前瞻性	--->	企业创新绩效	0.338	0.306	0.062	4.950	***
成就动机	--->	企业创新绩效	-0.149	-0.154	0.066	-2.318	0.020
χ^2=571.527；*df*=244；$\chi^2/df\approx$2.342；RMSEA=0.074；CFI=0.902；NFI=0.887；TLI=0.899；GFI=0.886							

注：S.E. 是标准误差，表示估计值的平均误差，是一种随机误差，是由偶然性因素产生的，不可避免；C.R. 相当于统计中的 t 值，大于 1.96 就可以；*P* 为显著性，*** 表示 $P<0.001$，** 表示 $P<0.01$，* 表示 $P<0.05$。

资料来源：根据 Amos23.0 输出结果整理。

高管个性特质对企业创新绩效直接效应模型修正指标如表 5-17 所示。从模型修正指标来看，e19 和 e20 之间的 M.I. 值最大，如果在 e19 和 e20 之间设立一条新路径，参数改变量较大。由于 e19 和 e20 分别是高管前瞻性和成就动机的残差项，表 5-10 已证实前瞻性和成就动机存在显著的相关关系，可认为前瞻性和成就动机之间可能存在共变关系，因此在模型中增设一条前瞻性和成就动机之间的新路径，这符合理论与实际推理。模型修正后再次进行估计，最终高管个性特质对企业创新绩效直接效应修正模型如图 5.5 所示。

表 5-17 高管个性特质对企业创新绩效直接效应模型修正指标

相关系数			M.I.	Par Change
e19	<-->	e21	78.450	1.178
e20	<-->	e21	61.040	1.170
e20	<-->	e19	132.353	1.216
e6	<-->	e21	56.454	1.113
e6	<-->	e19	95.573	1.022
e6	<-->	e20	108.827	1.228
e7	<-->	e19	46.787	0.674
e7	<-->	e20	36.164	0.667
e27	<-->	e20	6.495	−0.259
e24	<-->	e8	6.237	0.200
e24	<-->	e9	6.861	−0.226
e24	<-->	e27	8.731	−0.273
e23	<-->	e21	4.171	0.278
e22	<-->	e24	4.393	0.218
e15	<-->	e24	4.403	0.137

资料来源：根据 Amos23.0 输出结果整理。

模型经过两次修正（增设高管前瞻性和外向性、成就动机和风险倾向的两条路径），拟合指标得到较大改善。高管个性特质对企业创新绩效直接效应修正模型拟合结果如表 5-18 所示，$\chi^2/df \approx 2.037$，接近 2，CFI、NFI、TLI、GFI 4 个拟合指数都大于 0.9，RMSEA=0.044<0.05，此时的模型已具有良好的拟合度，因此将此模型作为最终模型。

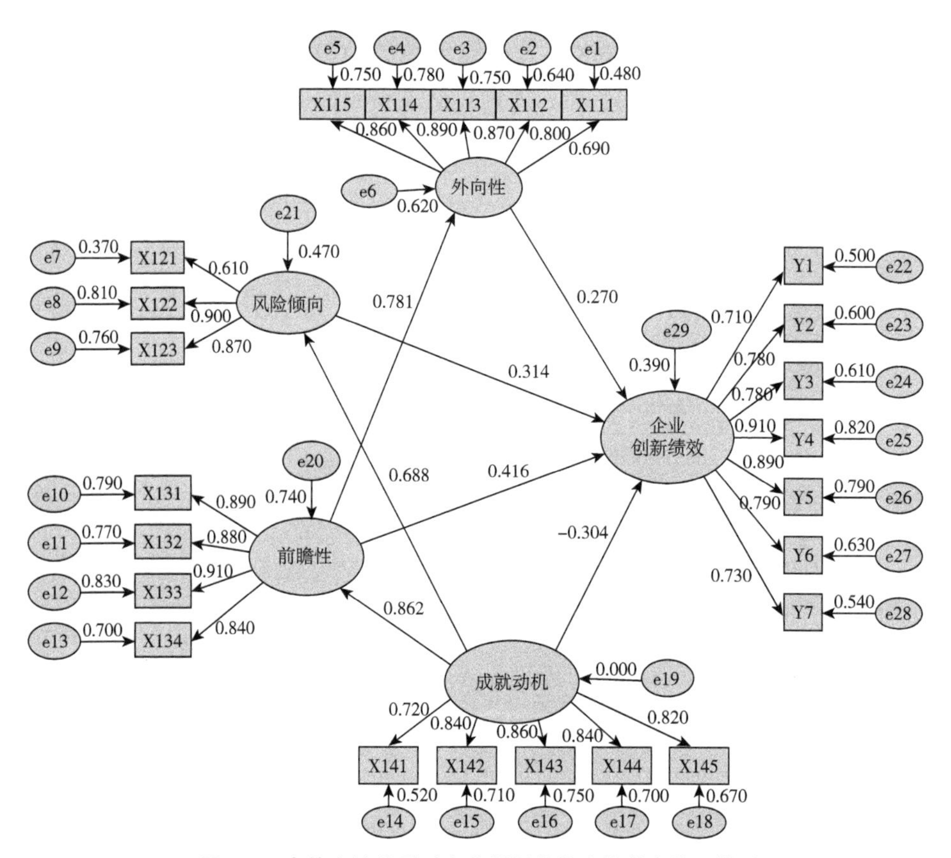

图 5.5　高管个性特质对企业创新绩效直接效应修正模型

资料来源：Amos23.0 输出结果。

表 5-18　高管个性特质对企业创新绩效直接效应修正模型拟合结果

路径			标准化系数	非标准化系数	S.E.	C.R.	*P*
外向性	--->	企业创新绩效	0.270	0.261	0.104	2.505	***
风险倾向	--->	企业创新绩效	0.314	0.247	0.074	3.352	***
前瞻性	--->	企业创新绩效	0.416	0.403	0.169	2.377	***
成就动机	--->	企业创新绩效	−0.304	−0.321	0.173	−1.859	0.032

χ^2=490.836；*df*=241；χ^2/df≈2.037；RMSEA=0.044；CFI=0.936；NFI=0.909；TLI=0.927；GFI=0.906

注：S.E. 是标准误差，表示估计值的平均误差，是一种随机误差，是由偶然性因素产生的，不可避免；C.R. 相当于统计中的 *t* 值，大于 1.96 就可以；*P* 为显著性，*** 表示 $P<0.001$，** 表示 $P<0.01$，* 表示 $P<0.05$。

资料来源：根据 Amos23.0 输出结果整理。

在修正后的模型中，高管的外向性、风险倾向、前瞻性对企业创新绩效的标准化系数分别为 0.270、0.314 和 0.416，且在 P<0.001 的水平上显著，说明高管的外向性、风险倾向、前瞻性对企业创新绩效都具有显著的直接正向影响；高管的成就动机对企业创新绩效的标准化系数为 –0.304，影响不显著，说明高管的成就动机对企业创新绩效具有不显著的负向影响；从总体上看，高管个性特质对企业创新绩效的影响，与层次回归分析结果一致。

5.4.2 高管个性特质对企业创新绩效的间接效应

本书在前面的理论分析揭示了高管个性特质对企业创新绩效产生作用的间接效应，即通过影响企业网络嵌入而间接地影响企业创新绩效。为验证这种作用机制，在直接效应模型上，添加网络嵌入的两个潜变量（即维度）——网络关系强度和网络密度，形成高管个性特质对企业创新绩效的间接效应初始模型，如图 5.6 所示。

高管个性特质间接效应模型中共有 14 条关系路径，包括直接效应模型中高管个性特质对企业创新绩效影响的 4 条路径，高管的 4 个个性特质分别对网络嵌入（两个维度）有 2 条路径（共 8 条），网络关系强度和网络密度对企业创新绩效的 2 条路径。

高管个性特质对企业创新绩效间接效应初始模型拟合结果如表 5–19 所示。从模型初步估计的拟合结果看，$\chi^2/df\approx 2.257$，稍大于 2，勉强满足指标限值；拟合指数 CFI、TLI 大于 0.9；NFI、GFI 小于 0.9，RMSEA=0.064（>0.05），初始模型的拟合效果不大理想。从潜变量间的路径指标可以看出，大多数路径系数在 P<0.001 的水平上显著，而“前瞻性 ---> 企业创新绩效”路径的 P 值为 0.233，未达到显著水平，并且该路径的 C.R. 值为 0.785，小于 2 的临界值，该路径未获得支持，可以删除。

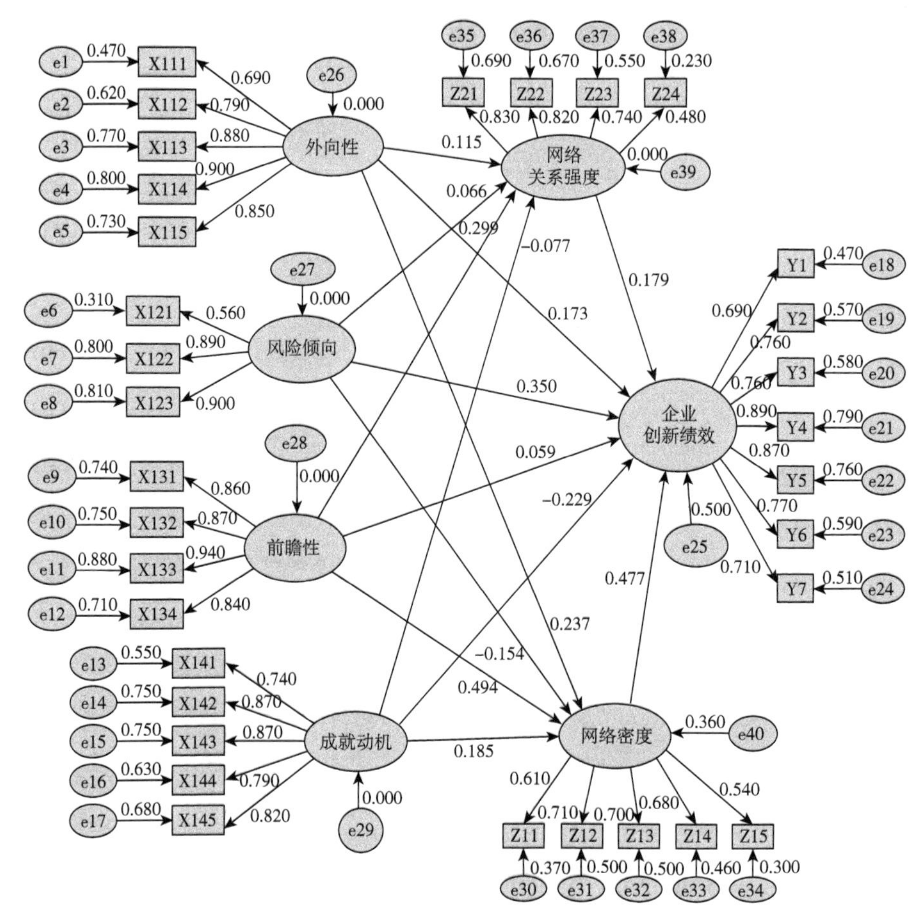

图 5.6 高管个性特质对企业创新绩效的间接效应初始模型

资料来源：Amos23.0 输出结果。

表 5-19 高管个性特质对企业创新绩效间接效应初始模型拟合结果

路径			标准化系数	非标准化	S.E.	C.R.	*P*
外向性	--->	网络关系强度	0.115	0.129	0.082	1.572	0.036
外向性	--->	网络密度	0.237	0.172	0.053	3.227	***
风险倾向	--->	网络关系强度	0.066	0.057	0.065	0.887	0.045
风险倾向	--->	网络密度	-0.154	-0.087	0.040	-2.154	***
前瞻性	--->	网络关系强度	0.299	0.329	0.082	4.019	***
前瞻性	--->	网络密度	0.494	0.352	0.064	5.536	***
成就动机	--->	网络关系强度	-0.077	-0.096	0.092	-1.045	0.042

续表

路径			标准化系数	非标准化	S.E.	C.R.	*P*
成就动机	--->	网络密度	0.185	0.151	0.058	2.576	0.010
外向性	--->	企业创新绩效	0.173	0.159	0.058	2.731	***
风险倾向	--->	企业创新绩效	0.350	0.251	0.048	5.229	***
前瞻性	--->	企业创新绩效	0.059	0.053	0.067	0.785	0.233
成就动机	--->	企业创新绩效	−0.229	−0.236	0.066	−3.598	***
网络关系强度	--->	企业创新绩效	0.179	0.147	0.054	2.739	***
网络密度	--->	企业创新绩效	0.477	0.605	0.134	4.526	***
χ^2=1078.664；df=478；$\chi^2/df\approx$2.257；RMSEA=0.064；CFI=0.911；NFI=0.846；TLI=0.901；GFI=0.805							

注：S.E. 是标准误差，表示估计值的平均误差，是一种随机误差，是由偶然性因素产生的，不可避免；C.R. 相当于统计中的 t 值，大于 1.96 就可以；P 为显著性，*** 表示 $P<0.001$，** 表示 $P<0.01$，* 表示 $P<0.05$。

资料来源：根据 Amos23.0 输出结果整理。

首先删除“前瞻性 ---> 企业创新绩效”路径，对模型首次修正，高管个性特质对企业创新绩效间接效应模型首次修正结果如表 5-20 所示，修正后的模型拟合结果与初始模型的结果差别很小，继续修正。

表 5-20 高管个性特质对企业创新绩效间接效应模型首次修正结果

路径			标准化系数	非标准化	S.E.	C.R.	*P*
外向性	--->	网络关系强度	0.114	0.127	0.082	1.555	0.020
外向性	--->	网络密度	0.233	0.170	0.053	3.194	***
风险倾向	--->	网络关系强度	0.065	0.057	0.065	0.878	0.180
风险倾向	--->	网络密度	−0.155	−0.088	0.040	−2.182	0.029
前瞻性	--->	网络关系强度	0.302	0.332	0.082	4.060	***
前瞻性	--->	网络密度	0.504	0.360	0.064	5.650	***
成就动机	--->	网络关系强度	−0.078	−0.098	0.092	−1.061	0.189
成就动机	--->	网络密度	0.181	0.147	0.058	2.530	***
外向性	--->	企业创新绩效	0.185	0.169	0.057	2.974	***
风险倾向	--->	企业创新绩效	0.358	0.255	0.048	5.307	***
成就动机	--->	企业创新绩效	−0.208	−0.212	0.065	−3.293	***
网络关系强度	--->	企业创新绩效	0.184	0.150	0.052	2.882	***

续表

路径			标准化系数	非标准化	S.E.	C.R.	*P*
网络密度	--->	企业创新绩效	0.500	0.627	0.120	5.235	***
χ^2=1007.023；*df*=477；$\chi^2/df\approx$2.111；RMSEA=0.059；CFI=0.922；NFI=0.850；TLI=0.913；GFI=0.806							

注：S.E. 是标准误差，表示估计值的平均误差，是一种随机误差，是由偶然性因素产生的，不可避免；C.R. 相当于统计中的 t 值，大于 1.96 就可以；*P* 为显著性，*** 表示 $P<0.001$，** 表示 $P<0.01$，* 表示 $P<0.05$。

资料来源：根据 Amos23.0 输出结果整理。

高管个性特质对企业创新绩效间接模型修正指标如表 5-21（由于该表数据较多，仅截取部分指标）所示。从模型修正指标可以看出，与直接效应模型情况一样，e28 和 e29 之间的 M.I. 值最大，e28 和 e29 分别是高管前瞻性和成就动机的残差项，同直接效应模型一样，添加一条路径，高管个性特质对企业创新绩效间接模型修正后拟合结果如表 5-22 所示。

表 5-21　高管个性特质对企业创新绩效间接模型修正指标（部分）

相关系数			M.I.	Par Change
e27	<-->	e29	77.725	1.195
e28	<-->	e29	131.437	1.205
e28	<-->	e27	60.635	1.189
e26	<-->	e29	95.309	1.015
e26	<-->	e27	56.518	1.136
e26	<-->	e28	108.179	1.219
e40	<-->	e39	18.588	0.368
e13	<-->	e39	4.410	-0.195
e13	<-->	e40	6.527	0.141
e14	<-->	e39	4.037	0.156
e14	<-->	e13	4.471	0.105
e15	<-->	e27	6.007	0.218
e15	<-->	e28	5.211	0.157
e16	<-->	e28	4.914	0.175
e16	<-->	e26	6.951	0.206

续表

相关系数			M.I.	Par Change
e16	<-->	e13	5.593	−0.132
e17	<-->	e27	7.315	0.291
e17	<-->	e28	7.395	0.227

资料来源：根据 Amos23.0 输出结果整理。

表 5-22　高管个性特质对企业创新绩效间接模型修正后拟合结果

路径			标准化系数 α	非标准化系数	S.E.	C.R.	*P*
成就动机	--->	前瞻性	0.860	0.942	0.076	12.380	***
前瞻性	--->	外向性	0.784	0.785	0.067	11.798	***
成就动机	--->	风险倾向	0.688	0.932	0.096	9.688	***
外向性	--->	网络关系强度	0.090	0.100	0.145	0.692	0.089
前瞻性	--->	网络关系强度	0.358	0.400	0.234	1.713	***
成就动机	--->	网络关系强度	−0.175	−0.215	0.239	−0.897	0.025
风险倾向	--->	网络关系强度	0.099	0.090	0.100	0.898	0.069
前瞻性	--->	网络密度	0.391	0.317	0.141	2.248	***
外向性	--->	网络密度	0.149	0.121	0.086	1.407	0.028
风险倾向	--->	网络密度	−0.204	−0.134	0.061	−2.195	***
成就动机	--->	网络密度	0.199	0.176	0.142	1.239	0.021
网络关系强度	--->	网络密度	0.313	0.227	0.054	4.201	***
外向性	--->	企业创新绩效	0.199	0.194	0.083	2.341	***
风险倾向	--->	企业创新绩效	0.392	0.310	0.073	4.238	***
网络关系强度	--->	企业创新绩效	0.113	0.099	0.062	2.189	0.035
网络密度	--->	企业创新绩效	0.535	0.645	0.139	4.645	***
成就动机	--->	企业创新绩效	−0.284	−0.304	0.123	−2.466	***
χ^2=900.453；df=473；$\chi^2/df\approx$1.904；RMSEA=0.053；CFI=0.925；NFI=0.853；TLI=0.915；GFI=0.808							

注：S.E. 是标准误差，表示估计值的平均误差，是一种随机误差，是由偶然性因素产生的，不可避免；C.R. 相当于统计中的 t 值，大于 1.96 就可以；P 为显著性，*** 表示 $P<0.001$，** 表示 $P<0.01$，* 表示 $P<0.05$。

资料来源：根据 Amos23.0 输出结果整理。

从表 5-22 可以看出，模型经过三次修正（增设高管前瞻性和外向性、成就动机和风险倾向、网络关系强度和网络密度的新路径）后的拟合指标得到了较大改观，模型已具有良好的拟合度。将修正后的模型作为高管个性特质对企业创新绩效间接效应的最终模型，如图 5.7 所示。

最终模型中，高管外向性、风险倾向和前瞻性对网络关系强度的标准化系数分别为 0.090、0.099、0.358，说明高管外向性、风险倾向和前瞻性对网络关系强度都具有直接的正向影响，前瞻性在 $P<0.001$ 的水平上显著，说明前瞻性影响显著；高管成就动机对网络关系强度的标准化系数为 -0.175，在 $P<0.05$ 的水平上显著，说明高管成就动机对网络关系强度具有直接的负向影响，并且影响显著；高管外向性、风险倾向和前瞻性对网络密度的标准化系数分别为 0.149、0.391、0.199，表明高管外向性、风险倾向和前瞻性对网络密度都具有直接的正向影响；高管成就动机对网络密度的标准化系数为 -0.204，在 $P<0.001$ 的水平上显著，说明高管成就动机对网络密度具有直接的显著负向影响。同时，网络关系强度和网络密度对企业创新绩效的标准化系数分别为 0.113 和 0.535，表明网络关系强度和网络密度都与企业创新绩效有正相关关系，假设 H2 通过验证。

在高管个性特质对企业创新绩效间接效应模型与直接影响效应模型相比，两者的关系发生了很大变化。其中，直接效应模型中高管前瞻性（$\alpha=0.416$，$P<0.001$），间接效应模型中予以删除，说明网络嵌入在高管前瞻性和企业创新绩效间发挥了完全中介效应。间接效应模型中高管外向性（$\alpha=0.199$，$P<0.001$）小于直接效应模型中高管外向性（$\alpha=0.270$，$P<0.001$）对企业创新绩效的标准化系数，说明网络嵌入高管外向性和企业创新绩效间有部分中介效应。高管风险倾向、成就动机对企业创新绩效的标准化系数为 0.392、-0.284，大于直接效应模型中的标准化系数 0.314、-0.304，说明网络嵌入没有在高管风险倾向、成就动机和企业创新绩效之间发挥中介效应，因此，假设 H4 得到部分验证。

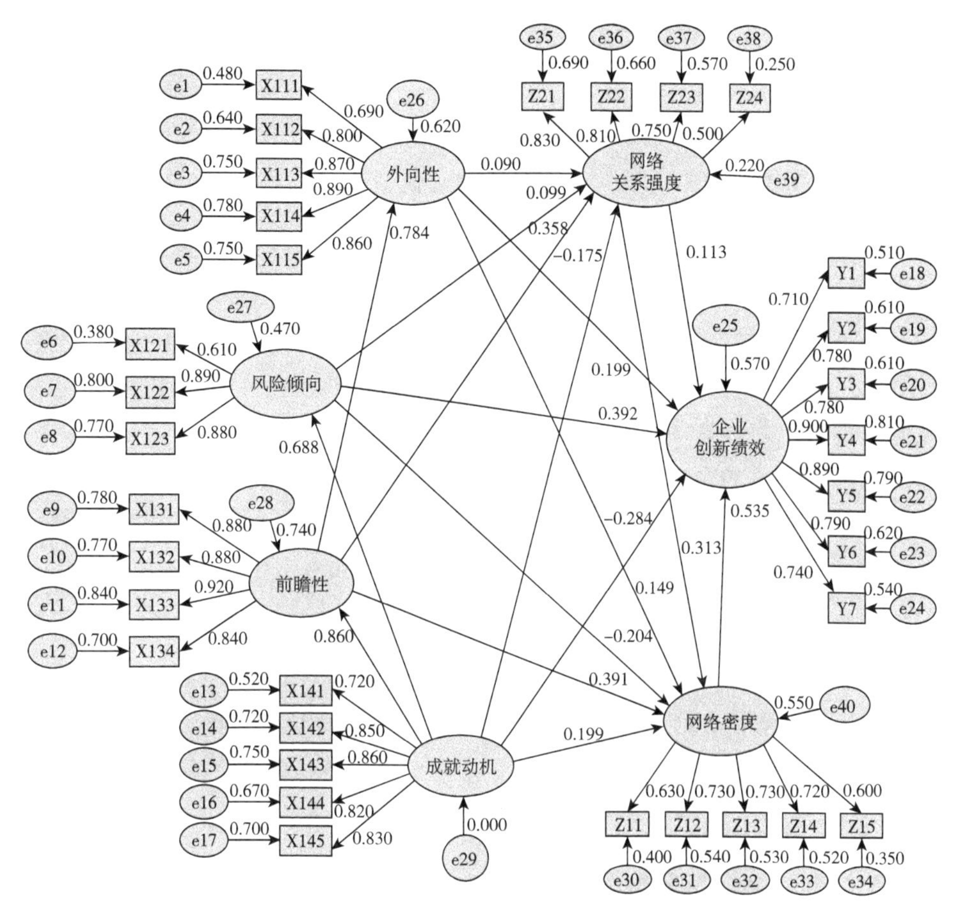

图 5.7　高管个性特质对企业创新绩效间接效应最终模型

资料来源：Amos23.0 输出结果。

5.5　稳健性检验

为了使研究结果更加稳健，增强研究结果的可信度，本书采用变换指标度量检验和分组子样本检验两种方法进行稳健性检验。

5.5.1 企业创新绩效变换指标度量检验

为了进一步验证实证结果的合理性与正确性，本书借鉴王长峰（2009）、吴楠（2015）等学者的研究方法，选择采用被调查者对近3年来经营业绩的评价作为被解释变量（企业创新绩效）的替代变量来进行稳健性检验，替代变量后高管个性特质、网络嵌入与企业创新绩效的关系如表5-23所示。替代变量回归分析中的变量关系与之前研究中的变量关系一致（表5-23和表5-12），由回归结果可以看出，本书结论得到验证。替代变量回归分析中（表5-23模型1），高管个性特质中的前瞻性、风险倾向、外向性均与企业创新绩效呈正相关关系，高管成就动机负向影响企业创新绩效，所有结果都与总体样本中的结果一致（表5-12模型2）。替代变量回归分析中（表5-23模型2），添加网络嵌入的网络关系强度和网络密度两个维度后，高管个性特质中的前瞻性、外向性对企业创新绩效的影响均低于未添加网络嵌入变量之前，说明网络嵌入对此起到中介作用；高管个性特质中的风险倾向、成就动机对企业创新绩效的影响均高于未添加网络嵌入变量之前，说明网络嵌入对此没有起到中介作用，与总体样本中的结果一致（表5-12模型3）。替代变量回归分析的结果与之前分析的结果一致，说明实证研究结论是稳健的，本书的结论是成立的。

表5-23 替代变量后高管个性特质、网络嵌入与企业创新绩效的关系

变量		模型1	模型2
（常量）		3.254***	3.039***
解释变量	EEX	0.011	0.009
	ERP	0.012	0.015
	EPP	0.266**	0.241**
	EAM	–0.009	–0.016
中介变量	ND		0.003
	NTS		0.109
模型统计量	R^2	0.101	0.127
	调整后 R^2	0.084	0.094
	F 值	5.968***	3.817***

注：因变量是企业创新绩效；表中回归系数为未标准化回归系数；P 为显著性，*、**、*** 分别表示 $P<0.05$，$P<0.01$，$P<0.001$。

5.5.2　分组子样本检验

为了保证结果的稳健性，本书进行样本的敏感性检验，通过样本数据分组对研究模型进行稳健性检验。借鉴刘学元、丁雯婧、赵先德（2016），蔡宁、闫春（2013）等学者的研究方法，通过数据分组对模型进行子样本检验。将调研数据按照企业性质［国有企业（*N*=87）和非国有企业（*N*=133）］，以及企业是否高新技术企业［高新技术企业（*N*=77）］，分别进行分组检验，验证高管个性特质、网络嵌入、企业创新绩效之间的关系。首先检验高管个性特质对企业创新绩效的直接影响，其次检验网络嵌入对企业创新绩效的影响，最后将高管个性特质、网络嵌入和企业创新绩效一起放入回归模型，比较所有模型的结果，判断变量间的关系。各模型的回归结果验证了高管个性特质与企业创新绩效的正相关关系，以及网络嵌入在高管个性特质与企业创新绩效之间的中介效应的假设，表明研究结论是稳健的。

1. 国有企业和非国有企业子样本检验

不同性质的企业中高管个性特质、网络嵌入对企业创新绩效的影响如表 5-24 所示。企业性质作为高管个性特质与创新绩效间关系的控制变量时，在国有企业和非国有企业两个子样本中的变量关系与总体样本中的变量关系一致（表 5-12 和表 5-24）。在国有企业（表 5-24 模型 1）和非国有企业（表 5-24 模型 3）两个子样本中，高管个性特质中的前瞻性、风险倾向、外向性均与企业创新绩效呈正相关关系，高管成就动机负向影响企业创新绩效，所有结果都与总体样本中的结果一致（表 5-12 模型 2）；在国有企业（表 5-24 模型 2）和非国有企业（表 5-24 模型 4）两个子样本中，添加网络嵌入的网络关系强度和网络密度两个维度后，高管个性特质中的前瞻性、外向性对企业创新绩效的影响均低于未添加网络嵌入变量之前，说明网络嵌入对此起到中介效应；高管个性特质中的风险倾向、成就动机对企业创新绩效的影响均高于未添加网络嵌入变量之前，说明网络嵌入对此没有起到中介作用，与总体样本中的结果一致（表 5-12 模型 3）。国有企业和非国有企业两个子样本中的结果与总体样本中的结果一致，说明实证研究结论是稳健的，本书的结论是成立的。

表 5-24 不同性质的企业中高管个性特质、网络嵌入对企业创新绩效的影响

变量		国有企业（N=87）		非国有企业（N=133）	
		模型 1	模型 2	模型 3	模型 4
（常量）		0.337	-1.033	0.822	-0.119
解释变量	EEX	0.254*	0.055*	0.294**	0.200**
	ERP	0.221**	0.225**	0.277**	0.280***
	EPP	0.428**	0.101	0.145**	0.007
	EAM	-0.161	-0.185	-0.003	-0.112
中介变量	ND		0.512***		0.512***
	NTS		0.229**		0.061
模型统计量	R^2	0.369	0.579	0.36	0.505
	调整后 R^2	0.338	0.535	0.335	0.469
	F 值	11.826***	13.233***	14.200***	13.856***

注：因变量是企业创新绩效；表中回归系数为未标准化回归系数；P 为显著性，*、**、*** 分别表示 $P<0.05$，$P<0.01$，$P<0.001$。

2. 高新技术企业子样本检验

由于部分被调查公司是非高新技术企业，他们不依赖创新活动也能持续经营，因此，稳健性检验只对高新技术企业子样本进行检验。高新技术企业高管个性特质、网络嵌入与企业创新绩效的关系如表 5-25 所示，在高新技术企业子样本中的变量关系与总体样本中的变量关系一致（表 5-12 和表 5-25）。在高新技术企业（表 5-25 模型 1）子样本中，高管个性特质中的前瞻性、风险倾向、外向性均与企业创新绩效呈正相关关系，成就动机与企业创新绩效呈负相关关系，与总体样本中的结果一致（表 5-12 模型 2）；在高新技术企业（表 5-25 模型 2）子样本中，添加网络嵌入的两个维度网络关系强度和网络密度后，高管个性特质中的前瞻性、外向性对企业创新绩效的影响均低于未添加网络嵌入变量之前，说明网络嵌入对此起到中介作用，而高管个性特质的风险倾向、成就动机对企业创新绩效的影响均高于未添加网络嵌入变量之前，说明网络嵌入对此没有起中介作用，与总体样本中的结果一致（表 5-12 模型 3）。高新技术企业子样本中的结果与总体样本中的结果一致，说明实证研究结论是稳健的，本书的结论是成立的。

表 5-25　高新技术企业高管个性特质、网络嵌入与企业创新绩效的关系

变量		模型 1	模型 2
（常量）		高新技术企业（N=77）	
		0.547	–0.329
解释变量	EEX	0.207*	0.119
	ERP	0.360***	0.367***
	EPP	0.293**	0.127
	EAM	–0.101	–0.113
中介变量	ND		0.469***
	NTS		0.156*
模型统计量	R^2	0.403	0.548
	调整后 R^2	0.385	0.521
	F 值	23.249***	20.339***

注：因变量是企业创新绩效；表中回归系数为未标准化回归系数；P 为显著性，*、**、*** 分别表示 $P<0.05$，$P<0.01$，$P<0.001$。

5.6　本章小结

5.6.1　实证研究结果汇总

本章对数据信度和效度检验后，采用层次回归分析、优势分析、结构方程模型等实证分析方法，解构并验证了高管个性特质、网络嵌入和企业创新绩效的构成要素，合理设计反映这些要素关系的实证模型并科学检验高管个性特质对企业创新绩效的直接影响效应，以及高管个性特质通过网络嵌入间接影响企业创新绩效的作用机制。假设检验结果汇总如表 5-26 所示。

表 5-26 假设检验结果汇总

研究假设	验证结果
H1：高管个性特质对企业创新绩效有显著影响，高管的成就动机、风险倾向、前瞻性、外向性四个个性特质对企业创新绩效的影响程度呈递增趋势	通过
H2：网络嵌入对企业创新绩效有正向影响作用	通过
H3：高管个性特质对网络嵌入有正向影响，对网络嵌入的网络密度和网络关系强度两个维度均有正向影响	通过
H4：网络嵌入在高管个性特质与企业创新绩效间起中介作用	部分通过

5.6.2 结果分析

本书基于探索性案例和因子分析，将高管个性特质划分为外向性、风险倾向、前瞻性和成就动机四个维度，高管人口特征包括高管年龄、性别、学历、任期、持股和政治任职六个维度，从企业自主创新、合作创新、网络创新的不同视角推理高管个性特质影响企业创新绩效的内在机制。

通过相关分析和回归分析发现，是否高新技术企业、近三年年均销售总额，对企业创新绩效有非常显著的影响作用，其他控制变量如企业所有权性质、企业规模、成立年限以及企业资产总额对企业创新绩效的影响不显著。

1. 高管个性特质与企业创新绩效的直接关系

（1）高管个性特质对企业创新绩效的影响

从回归分析来看，高管的外向性（α =0.208，P<0.01）、风险倾向（α = 0.219，P<0.001）、前瞻性（α =0.256，P<0.001）对企业创新绩效都具有显著的正向影响，高管的成就动机对企业创新绩效的回归系数为 -0.082，且影响不显著，说明高管的成就动机对企业创新绩效影响非常小。

结构方程模型刻画了四条影响路径，实证分析结果表明，高管的外向性、风险倾向、前瞻性对企业创新绩效作用的三条路径系数分别为 0.270、0.314 和 0.416，且具有统计显著性，这说明高管的外向性、风险倾向、前瞻性对企业创新绩效都具有直接的正向影响；成就动机对企业创新绩效作用的路径系数为 -0.304，说明高管的成就动机与企业创新绩效间的关系不显著，即高管的成就动机对企业创新绩效有不显著的负向影响。

因此，通过回归分析和结构方程模型分析都发现，高管风险倾向、前瞻性、外向性都对企业创新绩效有显著影响，成就动机影响不显著。当变量可能相关时，双变量相关系数、标准回归系数会提供对预测变量重要性的失真估计，不适合解决有关相对重要性的问题，因此使用优势分析更科学。通过优势分析发现，高管的风险倾向、前瞻性、外向性对企业创新绩效的相对重要性依次递增。因此，高管个性特质即高管的成就动机、风险倾向、前瞻性、外向性对企业创新绩效的影响依次递增，即高管个性特质对企业创新绩效的影响程度为外向性 > 前瞻性 > 风险倾向 > 成就动机，假设 H1 得到证实。

从不同验证方法的结果可以看出来，结论一致。具有外向性特质的高管大多不拘泥于资源的束缚，思维开阔，乐观主动积极，而且善于利用社会关系资源；高前瞻性特质的高管具有敏锐的洞察力，容易在创新行为上觅得先机，可能更容易获取高水平的创新绩效；高风险倾向的高管更倾向接受挑战，敢于接受新事物，可以在复杂的市场环境中利用高超的战略能力化风险为机会；高成就动机倾向的高管更喜欢制定富有挑战性的成就目标，希望通过努力得到客观的绩效产出，渴望达到成功以获取个人的成就满足感，但可能过犹不及，反而达不到预期目标。

实证研究还发现，高管外向性、风险倾向、前瞻性、成就动机之间有很大的关联性，从两两的相关系数可以看出四者之间处于中度相关，在结构方程中增添由高管前瞻性到外向性、成就动机到风险倾向的两条作用路径，大大提高了模型的拟合优度，与第 4 章的分析相呼应。一方面高管外向性、风险倾向、前瞻性、成就动机的表现形式存在较大的差异，这些差异成为辨析它们的基础，并依据这些差异将它们划归为不同的维度；另一方面，从理论和实践来看，个性特质是个体的综合表现，人为地分成几个维度，界定是不确定的，几个维度是相互包含、交叉、互相融合在一起的。

（2）高管人口特征对企业创新绩效的影响

从回归分析来看，高管年龄与企业创新绩效呈倒 U 形关系；高管任期与企业创新绩效呈不显著的倒 U 形关系；高管学历与企业创新绩效显著正相关，高学历的高管具有更丰富的社会资本和社会网络资源，更愿意接受新知识与新技术，易于接受变革和创新，有助于提升企业创新绩效。

与女性高管相比，男性高管对提升企业创新绩效更有优势，可能因为男性更善于当机立断，能把握住稍纵即逝的市场机会。

高管持股与企业创新绩效呈不显著的正相关。高管能够内部化技术创新项目，成功获取经济收益。因此高管持股的增加能够激励高管进行技术创新，企业获取较高企业创新绩效的可能性增大。

高管政治任职与企业创新绩效呈不显著的正相关。曾经在政府、行政管理部门、事业单位、金融部门等工作过的高管，具有丰富的政治关系，处于庞大的个人关系网络中，更有优势获取其他竞争对手不易获得的各种网络关系和资源，有助于企业创新绩效的提高。

2. 网络嵌入在高管个性特质与企业创新绩效中的中介效应

当将网络嵌入的网络密度和网络关系强度两个维度纳入回归模型之后，高管的两个个性特质——高管外向性和前瞻性的回归系数有所降低，说明网络嵌入在这两个高管个性特质和企业创新绩效之间起了中介作用。高管的另两个个性特质——风险倾向和成就动机的回归系数没有降低，说明网络嵌入这两个高管个性特质和企业创新绩效之间没有起中介作用，因此高管个性特质对企业创新绩效的作用部分是通过网络嵌入中介传递的。

结构方程实证结果也表明，直接效应模型中已验证的高管个性特质与企业创新绩效的关系，在间接效应模型中发生了变化，其中高管前瞻性对企业创新绩效的影响不显著（直接效应中影响显著），说明网络嵌入在高管前瞻性和企业创新绩效间发挥了完全中介效应。间接效应中的高管外向性对企业创新绩效的标准化路径系数小于直接效应模型中的参数值，说明网络嵌入在高管外向性和企业创新绩效间有部分中介效应。间接效应中的高管风险倾向、成就动机对企业创新绩效的标准化路径系数与直接效应模型中的参数值相比，没有降低，说明网络嵌入没有在高管风险倾向、成就动机和企业创新绩效之间发挥中介作用。因此，假设 H4 得到部分验证。

第 6 章

跨层次的企业网络要素对企业创新绩效的影响

第 5 章从静态角度考察了高管个性特质、网络嵌入对企业创新绩效的影响，本章将探讨高管动态嵌入企业网络的过程，以及从动态角度研究高管个性特质、网络嵌入的跨层次交互作用对企业创新绩效的影响。

6.1　高管到企业网络的动态嵌入

高管在面对网络时，从有效嵌入、能力嵌入到关系嵌入，再演变到结构嵌入，最后完成整个网络组织的跨层次耦合。基于网络组织中的嵌入具有显著的动态性特征，我们从动态的视角来探讨高管到企业网络嵌入的发展，高管动态嵌入企业网络过程如图 6.1 所示。

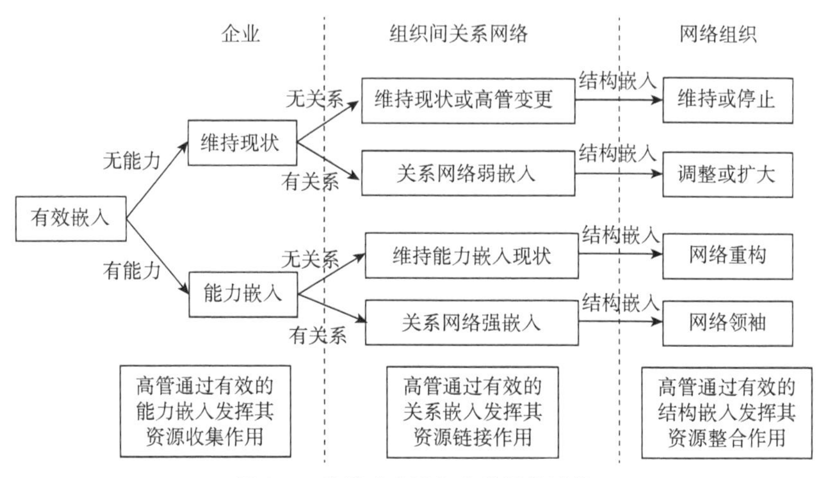

图 6.1　高管动态嵌入企业网络过程

1. 有效嵌入和能力嵌入：网络视角下高管履职的微观过程

高管继任一般有两种情况：内部继任和外部继任。内部继任是由公司内部人员晋升为高管，外部继任是从公司外部甄选人员录用为高管。内部继任者具备很大的优势，一方面，非常熟悉本企业具体情况，在长期工作中也积累了丰富的经验，养成了很多与组织相关的具体化的知识和技能，对组织的了解会让内部继任者使用组织和内部成员更为熟悉的方式进行管理，因此在执行过程中可能更加顺畅；另一方面，在企业内部长期工作也会形成组织的内部网络，在上任后采取具体行动时更有可能得到组织成员的理解和支持。这种内部继任者不仅会得到企业的独立董事的同意，还会得到高层管理团队中多数人的支持。相对于内部继任者，进入企业初期，外部继任者首先需要“有效嵌入”到该企业的内部网络中去，扮演“结构洞”的角色，将企业内部网络群和外部网络群链接在一个系统内进行信息交流、资源互换。外部继任者有以下优势：第一，外部继任者拥有更为新颖的知识和技能，这会为企业带来新鲜的想法和不断学习的机会；第二，外部继任者在其他企业甚至行业中有自己的社会关系，或者说拥有与现任职企业存在异质性的社会网络，这种迥异的社会网络会带来新的资源、有价值的信息等，而这些因素有利于减轻不确定性并提高绩效。

高管任职一段时间后，基于对企业一定程度的了解，开始借助自身专业能力去发现企业内部的机会，将其专业能力渗透到企业日常运作中，高管的角色开始显现。博特（Burt，1992）的“结构洞”理论指出，一个人占据了资源交换的良好位置，具有较高的网络嵌入性，就能拥有较多、较高质量的资源从而形成“洞效应”，即拥有资源优势和控制优势。高管在企业中位于决策的核心位置，处于企业内无数信息的交汇点，有利于获取稀缺资源。此时，高管已完全掌握企业的优势和不足，知道哪些问题可以自己解决、哪些问题需通过外部网络来解决，不仅可以基于企业现有资源来为企业决策把关，还能主动为企业提供外部资源和商业机会。高管通过为企业发展提供网络资源来发挥效力，实现了其资源供给者和收集者的职能角色，大量的研究也表现出对“高管关系为王”观点的支持。例如，如果企业需要与政府建立关系、获得政府的庇护，则企业中具有政府背景的高管比例便会增加；如果企业遇到了融资困难，则企业中有银行背景的高管数量就会增加，即高管通过有效的网络嵌入发挥其资源供给作用。

相较于从外部引入资源，依附于自身的专业性知识更容易被使用和产生实际作用，即不依靠他人资源，仅凭个人能力便可实现的领导职能比资源供给职能更容易发生。通过长期积累所得的网络资源只有依靠个人能力才能实现其价值，只有在高管及时发现企业的资源需求而自身又具备此资源时，外部资源才有可能实现其价值。正因为个人能力是资源输送的传导机制，有关系、无能力的高管拥有的外部网络资源几乎形同摆设，仅停留于辨别企业是否具有资源需求这一阶段，并不会产生真正的价值，即高管拥有的外部网络资源只能依靠个人能力嵌入企业内部网络。

2. 关系嵌入：高管动态嵌入组织间合作网络

关系嵌入指单个行为主体的经济行为嵌入与另一个行为主体的互动关系中，并被其中的互惠性原则、认同需求及规则性期望所影响，是以两方关系为基础的、动态的、连续的过程。关系嵌入所展现的是以双边关系（Dyadic Ties）为导向的、动态的、连续的过程。海特（Hite，2003）发现新兴的企业网络的基本单元是二元关系，网络嵌入的形成是经由二元交易关系的互动而实现的。因此，关系嵌入关注的是以直接联结为纽带的二元交易关系问题，是交易双方相互理解、信任和承诺的达成程度及过程，是交易双方以相互信任为基础，通过信息共享，以达到共同解决问题的过程。

高管往往在无形中将其个人的社会网关系带入企业作为其获取必要资源的途径。为了降低搜索成本和机会主义风险，高管代表的企业个体更倾向于与有着较高信任和丰富的信息交流的特定合作伙伴建立稳定的互惠关系。随着时间的推移，“嵌入式”关系积累在一个网络中，为网络中增加合作伙伴提供了可能。关系网络的形成过程是外部相互依赖驱动下的动态过程，这能促进组织间的相互合作，并通过内生性的网络嵌入机制帮助企业决定与哪一个企业建立合作关系。帕克和安格森（Park，Ungson，1997）分析了电子产品中的合资企业，发现企业合作的经验增加了公司成功建立新的合作伙伴关系的能力，合作经验转化为具体的管理技能，能帮助公司建立新的伙伴关系。

企业在组织间关系网络中的核心作用将影响这些企业将来参与未来合作伙

伴关系的概率；这种节点角色使他们能够通过大量的多种多样的联系来发展某些能力，从而增加企业进入未来合作伙伴关系的可能性。在潜在合作伙伴关系的信息不对称的情况下，企业可能会与他们过去已经合作的组织建立合作伙伴关系。这种偏好的主要原因是可靠、有价值的合作伙伴的搜索和选择过程是昂贵和耗时的。基于一个或多个早期特定的合作伙伴关系的经验能够产生有用的信息，这意味着如果企业打算建立新的合作伙伴关系，可以期望该企业首先考虑与其共享共同的合作经验的企业。当熟悉和重复的关系与组织之间的信任相关时，这种信任被理解为“关系信任”。随着“关系信任”嵌入企业之间的重复联系，预期会积极影响企业之间关系的稳定性。此外，企业彼此熟悉对于现有关系的稳定性和持续时间很重要。随着关系传递的延续，经济主体的市场行为逐渐嵌入一个涵盖市场交易与利益、信任与利他情感的多元关系中，组织间两方关系有可能发展成为结构嵌入。

3. 结构嵌入：高管动态嵌入网络组织

高管通过不断与外部网络合作伙伴进行互动，既可以与原来的利益相关者建立新联结，也可以与原有伙伴发展当前交易关系以外的交换或合作关系，可以形成多种形式的联结组合，从而建构新网络关系，形成以高管所在企业为焦点企业的网络组织，随之他（她）可能会成为网络领袖，从而更好地创造、获取、传递价值。随着网络的不断发展，网络嵌入关系内涵日益丰富，关系网络成为管理行动塑造的重要战略资源。随着时间的推移，特定事件会导致网络结构发生变化，这种网络结构的不断改变，呈现出的是显性的企业网络由简单结构向富含“结构洞”“桥连接”的网络形态的转变。关系传递体现了关系的动态性和嵌入的流动性特征，在结构嵌入的演化过程中发挥着重要作用。群体间通过第三方进行间接的联结，并形成以系统为特点的关联结构，折射出组织关系从双边走向三方的过程，形成结构嵌入。结构嵌入所反映的是一种一方主体经由第三方的关系传递而与原有伙伴建立关系的动态效应，这会对网络的资源配置结构与方式产生影响，在多方的合作背景下，合作的过程其实就是各类机构“嵌入”社会网络的过程，并通过互动关系获取稀缺的、关键的互补性资源以实现企业的发展目标。

6.2　跨层次要素的交互作用对企业创新绩效的影响

目前相关研究大多将企业、组织间关系与网络组织三个层次的要素分别作为独立的因素，来分析不同层次要素对企业创新绩效的影响。不同层次要素的交互作用对创业机会（张玉利，杨俊，任兵，2008）、企业创新绩效（张红娟，谭劲松，2014）都存在影响。创新的前驱因素存在于不同层次中，或者在某一层面，或者是各个层面的交叉。前面分析了不同层次要素分别对企业层面的创新绩效的增强作用，本节将分析企业（高管个性特质）、组织间关系及网络组织三个层次因素的跨层次交互作用对企业创新绩效的影响，并提出网络组织跨层次要素交互作用模型，如图 6.2 所示。

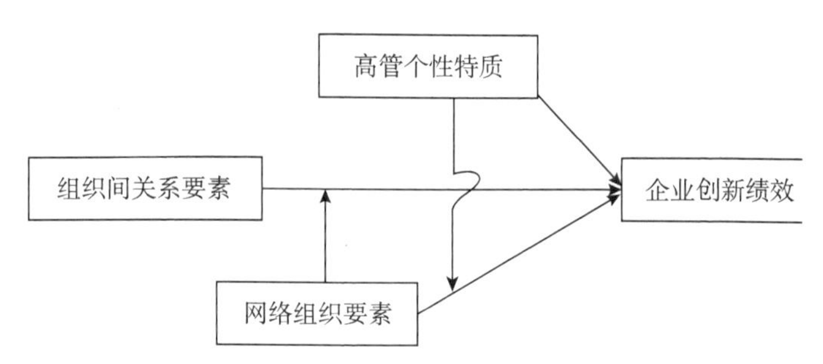

图 6.2　网络组织跨层次要素交互作用模型

资料来源：借鉴 Mehra、Kilduff、Brass（2001）和张红娟、谭劲松（2014）的观点。

6.2.1　高管个性特质与网络密度的交互作用对企业创新绩效的影响

高管是企业的一种重要资源，因为高管作为企业的决策者和执行者，代表企业参与合作网络中的各种经济活动，凭借网络嵌入能力从网络组织其他成员手中有效获取企业创新所需的资源（王福胜，王摄琰，2012）。高管的人力资本具有独特性，这种独特性是其他人难以复制的，也可能会导致高管发生变更时出现企业战略决策的重大变化，由此可能导致企业发展方向的改变及网络组织中的部分利益相关者对企业发展预期的变化，特别是关键供应商和经销商的态度变化。网络密度的强弱能够影响企业知识在网络内的转移效果。网络密度优势的发挥，很大程度上依赖于高管的个性特质和个体网络。具有前瞻性的高管能够有效地把握并充分利用这些机会，获取更多的资源和信息。高前瞻性的高管对社会互动发生的不同情境非常敏感，低前瞻性的高管几乎不受他们的社会环境的影响，这种差异的反应能力可能会影响工作绩效，高前瞻性的高管更可能利用网络结构优势来提高绩效。越来越多的证据表明，跨越社会阶层的个人获得了关于机会和资源的非冗余信息，获取信息等资源的能力与个人和团体绩效直接相关（Mehra，Kilduff，Brass，2001）。

不同的人格类型可能会不同程度地利用网络关系，高风险倾向和高成就动机的高管可能比低风险倾向和低成就动机的高管更有能力和动力去寻找和使用来自不同社会网络的可用资源。这些资源可以从社交网络中获得，高成就动机的高管愿意并且能够抓住机会占据可能的中心位置，而成为网络领袖。占据个人网络中心位置的高管与网络成员紧密联系，处于高密度网络中，便于促进组成网络组织的整个协调活动系统中的信息流，从而有助于实现企业创新目标。在组织间协作网络中，网络密度越大，信息、知识等资源载体之间的关系越紧密，就越容易形成更受信任的知识转移、信息沟通、资源交换渠道，从而提高企业创新绩效。高管个性特质和网络密度的复杂相互作用有可能将战略要素市场中获得的企业创新所需的有价值的各种资源组合，形成企业创新优势，提升企业创新绩效（Barney，1991）。因此本书构建了高管个性特质与网络密度的跨层次交互模型（图 6.3），并提出如下假设。

H5：高管个性特质与网络密度的交互作用正向影响企业创新绩效。

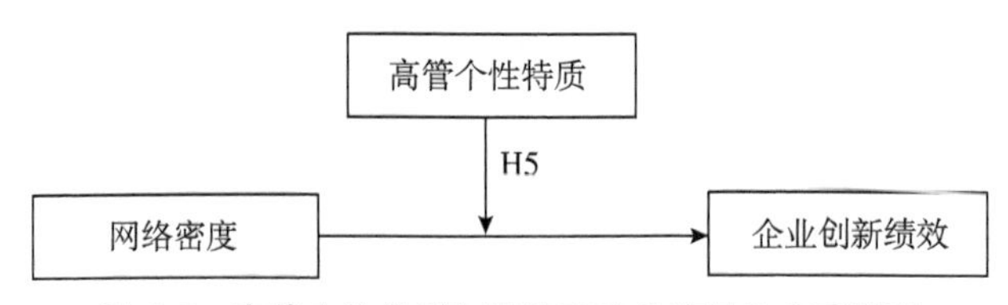

图 6.3 高管个性特质与网络密度的跨层次交互模型

6.2.2　高管个性特质与网络关系强度的交互作用对企业创新绩效的影响

组织间合作在企业创新中发挥了重要作用，但合作关系的过度投资也会抑制企业的创新绩效。合作关系的信任对企业创新绩效的影响呈现出典型的倒 U 型（王永贵，刘菲，2019）关系。组织间的信任可以增强合作双方之间的关系互动，通过适度的关系嵌入，能够促进组织之间的互惠互利，有利于合作各方从组织间关系网络中获取需要的有价值的信息和资源。但是，双方过度嵌入，可能会为企业带来潜在风险，以信任为特点的组织间关系对企业创新绩效可能带来不利影响。适度的组织间关系强度对于企业的可持续发展，对企业创新资源的获取和利用，具有举足轻重的作用。因此，可以采取有效措施控制适度的关系强度对企业创新绩效提升产生积极影响。交互模型表明，高管高风险倾向、高前瞻性等特质和适度的组织间关系是企业获得高创新绩效的必要条件。

前瞻性的高管理论预测：相对于低前瞻性的高管，高前瞻性的高管倾向于与明显不同的人在工作中发展朋友关系。低前瞻性的高管往往会占据相对同质的社交世界，高前瞻性的高管更倾向于发展跨群体的关系，利用他们灵活的身份在不同的群体中扮演不同的角色。因此，在工作场所，高度前瞻性的高管可能会弥合社交世界，充当管道，通过这些渠道，未被联系的人们可以交换信息。大量的研究已经证实，高风险倾向的高管比低风险倾向的高管更乐于接受挑战，愿意冒风险，更容易对特定的情境特征做出反应，高前瞻性的高管显示出他们对社会互动发生的不同情境非常敏感，高外向性的高管表现比较积极、主动、有活力，善于吸引和维持他人关注，从而成为社交的焦点。高外向性的高管将通过促进整个组织的资源流动和知识共享来增强其对组织的价值，从而实现卓越的绩效。高成就动机的高管比低成就动机的高管在与相关利益者合作中，更有可能注意和记住关于他人的信息，在检测人们的意图方面更成功，在信息、资源识别方面更准确。高成就动机的高管更善于观测社交网络，寻找有关人们及其意图的信息，通过探寻、获取各种有利资源、信息和途径以实现自己的目标。在更正式的工作网络或更加非正式的友谊网络中处于有利地位，既可以在多样化信息和其他资源方面为高管带来好处，也可以为高管与朋友和工作伙伴的社会关系提供高绩效所需的帮助和社交支持。拥有更多社会关系的高管，与其他不同群体的非冗余联系，能使他们更容易获得异质性资源，拥有两个或两个以上网络联系的高管比一个或没有网络联系的高管表现得更好。跨越社会阶层的高管，借助于个人网络与组织间合作网络，能获得关于机会和资源的非冗余信息，更容易促进组成组织的整个协调活动系统中的信息流，从而有助于实现组织范围内的目标。因此本书构建了高管个性特质与网络关系强度的跨层次交互模型（图 6.4），并提出如下假设。

H6：高管个性特质与网络关系强度的交互作用正向影响企业创新绩效。

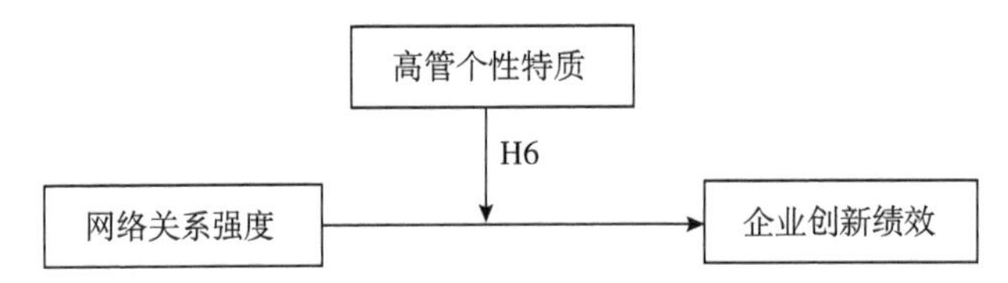

图 6.4　高管个性特质与网络关系强度的跨层次交互模型

6.2.3　网络密度与网络关系强度的交互作用对企业创新绩效的影响

企业所嵌入的网络中具有丰富的资源，企业嵌入到合作网络中，可以增加外部资源的获取，提升对关键资源的控制力，有利于企业创新绩效的提升（朱丽，刘军，刘超等，2017）。网络结构中的节点关系有利于形成强大的信任机制，这对合作关系的建立和企业创新具有积极作用。网络密度越大，网络成员之间共享的节点越多，因此交互程度越高，带来的信息传递、知识转移、资源交换就会更多。但是，当网络密度高到一定程度时，也会带来过度嵌入问题，因为网络内大多数成员都拥有较多的合作关系，都能够获得比较丰富的信息和知识等资源。这一方面可能导致信息冗余和更高的知识同质化，另一方面还有可能限制企业获取网络以外资源的能力和机会（谢洪明，赵丽，程聪，2011），反而降低企业创新效率和效果。社会网络中紧密的互动联系很少产生新信息，弱关系在信息传输或资源传输中更为重要，与牢固的互动关系相比，网络成员之间的弱关系将给其带来更多的社会资源。

网络组织中强关系和弱关系对企业创新绩效都有促进作用，但是，在不同网络密度的网络组织中，关系强度对企业创新绩效的作用产生的效果不同。在高密度网络组织内，关系强度过高可能会降低对企业创新绩效的促进作用，而在相对稀疏的网络组织内，组织间的强关系可能有利于企业获取并吸收更多的企业创新需要的有价值的信息、技术、资源，进而为提高创新绩效发挥重要作用（张红娟，谭劲松，2014）。因此，相比低密度网络组织，在高密度网络组织内，网络关系强度与企业创新绩效的关系更弱，网络密度负向影响网络关系强度与企业创新绩效的关系。也就是说，网络密度与网络关系强度的交互作用不利于企业创新绩效的提高。因此本书构建了网络密度与网络关系强度的跨层次交互模型，即组织间关系与网络组织的跨层次要素交互模型，如图 6.5 所示，并提出如下假设。

H7：网络密度与网络关系强度的交互作用负向影响企业创新绩效。

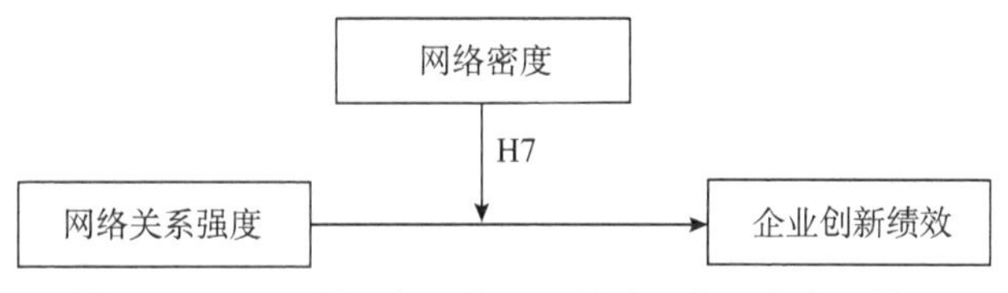

图 6.5　组织间关系与网络组织的跨层次要素交互模型

6.3　跨层次要素的交互作用对企业创新绩效影响的实证分析

我们使用层次回归分析来测试交互模型。首先将高管个性特质、网络密度、网络关系强度做中心化处理。中心化即从每个自变量中减去样本均值，调整后的变量均为零，但其样本分布保持不变。中心化后，可以降低回归方程中变量间多重共线性的问题（陈晓萍，徐淑英，樊景立，2012）。把中心化后的相应变量和相应乘积项放到多元层级回归方程中检验变量间的交互作用，可以检验相关两个模型的 R^2 改变量。如果 R^2 改变量显著，则说明交互作用显著。也可以看交互作用水平，sig 值是他们的显著性水平。交互项系数的 sig 值显著，说明存在交互作用效应。

6.3.1 高管个性特质和网络密度的交互作用对企业创新绩效的影响分析

通过表 5-10 可以看出高管个性特质和网络密度都与企业创新绩效显著正相关，我们用层次回归分析来检验高管个性特质与网络密度的交互作用对企业创新绩效是否有显著影响。

1. 高管个性特质各维度与网络密度的交互作用对企业创新绩效的影响

将中心化后的高管个性特质四个维度与网络密度，连同他们的交互项分别输入相应的模型中，得到高管个性特质各维度与网络密度的交互作用对企业创新绩效的影响结果，如表 6-1 所示。

表 6-1 高管个性特质各维度与网络密度的交互作用对企业创新绩效的影响结果

变量	模型 1	模型 2	模型 3	模型 4	变量	模型 5	模型 6	模型 7	模型 8
高管外向性	0.270***	0.310***			高管前瞻性	0.257***	0.300***		
网络密度	0.476***	0.483***			网络密度	0.469***	0.494***		
高管外向性 × 网络密度		0.085			高管前瞻性 × 网络密度		0.110*		
模型统计量 R^2	0.432	0.437			模型统计量 R^2	0.423	0.431		
模型统计量 调整 R^2	0.427	0.429			模型统计量 调整 R^2	0.417	0.423		
模型统计量 F 值	81.709***	55.405***			模型统计量 F 值	78.731***	54.050***		
高管风险倾向			0.322***	0.329***	高管成就动机			0.178***	0.236***
网络密度			0.519***	0.523***	网络密度			0.524***	0.521***
高管风险倾向 × 网络密度				0.079	高管成就动机 × 网络密度				0.121**
模型统计量 R^2			0.473	0.479	模型统计量 R^2			0.401	0.413
模型统计量 调整 R^2			0.468	0.472	模型统计量 调整 R^2			0.396	0.404
模型统计量 F 值			96.406***	65.567***	模型统计量 F 值			72.076***	50.123***

注：因变量为企业创新绩效；表中回归系数为未标准化回归系数，用 β 表示；P 为显著性，*** 表示 $P<0.001$，** 表示 $P<0.01$，* 表示 $P<0.05$；为去除多重共线性的问题，对交互项进行了中心化处理。

表 6-1 中的模型 1 描述的是高管外向性、网络密度与企业创新绩效的关系。模型 1 解释了企业创新绩效总体方差为 0.432，这说明高管外向性、网络密度对企业创新绩效有显著的影响作用。高管外向性、网络密度回归系数

都为正且在 $P<0.001$ 水平上显著，这说明高管外向性、网络密度对企业创新绩效具有显著的正向影响。

表 6–1 中的模型 2 在模型 1 的基础上添加了高管外向性与网络密度的交互项，以考证高管外向性与网络密度的交互作用对企业创新绩效的影响作用。模型 2 中的 R^2 值较模型 1 稍有提高（由 0.432 提高到 0.437），这说明高管外向性与网络密度的交互项对企业创新绩效有一定的解释作用。交互性的回归系数为正但不显著（$\beta=0.085$），这说明高管外向性与网络密度的交互作用对企业创新绩效具有不显著的正向影响。

表 6–1 中的模型 3 描述的是高管风险倾向、网络密度与企业创新绩效的关系。模型 3 中高管风险倾向（$\beta=0.322$，$P<0.001$）、网络密度（$\beta=0.519$，$P<0.001$）的回归系数都为正且在 $P<0.001$ 水平上显著，这说明高管风险倾向、网络密度对企业创新绩效具有显著的正向影响。

表 6–1 中的模型 4 在模型 3 的基础上添加了高管风险倾向与网络密度的交互项。模型 4 中的 R^2 值较模型 3 稍有提高（由 0.473 提高到 0.479），这说明高管风险倾向与网络密度的交互项对企业创新绩效有一定的解释作用。交互性的回归系数为正但不显著（$\beta=0.079$），这说明高管风险倾向与网络密度的交互作用对企业创新绩效具有不显著的正向影响。

表 6–1 中的模型 5 描述的是高管前瞻性、网络密度与企业创新绩效的关系。模型 5 中高管前瞻性（$\beta=0.257$，$P<0.001$）、网络密度（$\beta=0.469$，$P<0.001$）的回归系数都为正且在 $P<0.001$ 水平上显著，这说明高管前瞻性、网络密度对企业创新绩效具有显著的正向影响。

表 6–1 中的模型 6 在模型 5 的基础上添加了高管前瞻性与网络密度的交互项。模型 6 中的 R^2 值较模型 5 有一定的提高（由 0.423 提高到 0.431），这说明高管前瞻性与网络密度的交互项对企业创新绩效有一定的解释作用。交互性的回归系数（$\beta=0.110$，$P<0.05$）为正且显著，这说明高管前瞻性与网络密度的交互作用对企业创新绩效具有显著的正向影响。

表 6–1 中的模型 7 描述的是高管成就动机、网络密度与企业创新绩效的关系。模型 7 中高管成就动机（$\beta=0.178$，$P<0.001$）、网络密度（$\beta=0.524$，

$P<0.001$）的回归系数都为正且在 $P<0.001$ 水平上显著，这说明高管成就动机、网络密度对企业创新绩效具有显著的正向影响。

表 6-1 中的模型 8 在模型 7 的基础上添加了高管成就动机与网络密度的交互项。模型 8 中的 R^2 值较模型 7 有一定的提高（由 0.401 提高到 0.413），这说明高管成就动机与网络密度的交互项对企业创新绩效有一定的解释作用。交互性的回归系数（$\beta=0.121$，$P<0.01$）为正且显著，这说明高管成就动机与网络密度的交互作用对企业创新绩效具有显著的正向影响。

2. 高管个性特质与网络密度的交互作用对企业创新绩效影响效应分析

将中心化后的高管个性特质与网络密度，连同他们的交互项分别输入相应的模型中，回归结果如表 6-2 所示。

表 6-2 高管个性特质与网络密度的交互作用对企业创新绩效的影响结果

变量		模型 1	模型 2
高管个性特质		0.347^{***}	0.407^{***}
网络密度		0.423^{***}	0.434^{***}
高管个性特质 × 网络密度			0.146^{***}
模型统计量	R^2	0.462	0.479
	调整 R^2	0.457	0.471
	F 值	92.305^{***}	65.520^{***}

注：因变量为企业创新绩效；表中回归系数为未标准化回归系数，用 β 表示；P 为显著性，*** 表示 $P<0.001$，** 表示 $P<0.01$，* 表示 $P<0.05$；为去除多重共线性的问题，对交互项进行了中心化处理。

表 6-2 中的模型 1 描述的是高管个性特质、网络密度与企业创新绩效的关系。模型 1 中高管个性特质（$\beta=0.347$，$P<0.001$）、网络密度（$\beta=0.423$，$P<0.001$）的回归系数都为正且在 $P<0.001$ 水平上显著，这说明高管个性特质、网络密度对企业创新绩效具有显著的正向影响。

表 6-2 中的模型 2 添加了高管个性特质与网络密度的交互项。模型 2 中的 R^2 值较模型 1 有较大的提高（由 0.462 提高到 0.479），这说明高管个性特质与网络密度的交互项对企业创新绩效有一定的解释作用。交互性的回归系数

（β=0.146，P<0.001）为正且显著，这说明高管个性特质与网络密度的交互作用对企业创新绩效具有显著的正向影响。

结合表6-1中的模型6、模型8和表6-2中的模型2，高管前瞻性与网络密度的交互作用对企业创新绩效具有显著的正向影响，高管成就动机与网络密度的交互作用对企业创新绩效具有显著的正向影响，高管个性特质与网络密度的交互作用对企业创新绩效具有显著的正向影响假设成立。因此，假设H5得到验证。

在高管个性特质与网络密度的交互作用对企业创新绩效具有显著的正向影响中，高管前瞻性和高管成就动机起了重要的作用。为探讨高管个性特质对网络密度和企业创新绩效之间关系的调节作用，绘制了高管前瞻性与网络密度的交互作用对企业创新绩效的影响效应图（图6.6）及高管成就动机与网络密度的交互作用对企业创新绩效的影响效应图（图6.7）。

图6.6是高管前瞻性与网络密度之间交互项的斜率图（高管前瞻性与网络密度的交互作用对企业创新绩效的影响效应图），它表明高管前瞻性对网络密度与企业创新绩效之间起着正向强化作用。该结果表明，对于低前瞻性的高管而言，网络密度与企业创新绩效之间正向作用关系较弱，即企业所嵌入的网络密度对企业创新绩效影响非常小。但对于高前瞻性的高管而言，网络密度与企业创新绩效之间呈现出更加强烈的正向作用关系，即企业所嵌入的网络密度越高，企业创新绩效越大。总之，高前瞻性的高管能从高密度网络中获益，低前瞻性的高管从高网络密度网络中获益很小。

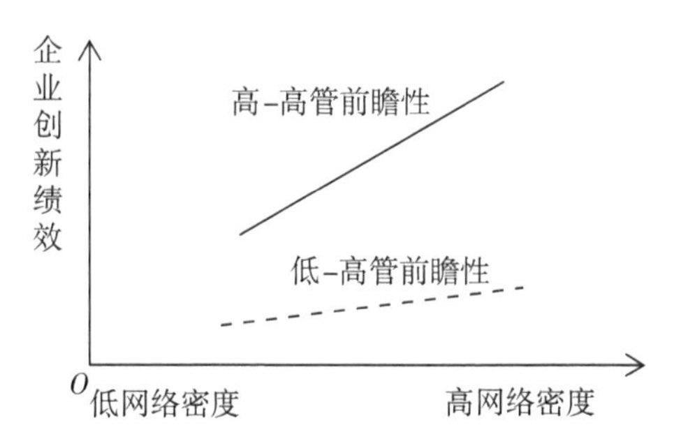

图6.6 高管前瞻性与网络密度的交互作用对企业创新绩效的影响效应图

图 6.7 是高管成就动机与网络密度之间交互项的斜率图（高管成就动机与网络密度的交互作用对企业创新绩效的影响效应图），它表明高管成就动机对网络密度与企业创新绩效之间起着正向强化作用。该结果表明，对于低成就动机的高管而言，网络密度与企业创新绩效之间正向作用关系较弱，即企业所嵌入的网络密度对企业创新绩效影响非常小。但对于高成就动机的高管而言，网络密度与企业创新绩效之间呈现出更加强烈的正向作用关系，即企业所嵌入的网络密度越高，企业创新绩效越大。高成就动机的高管能从高密度网络中获益，低成就动机的高管从高密度网络中获益很小。

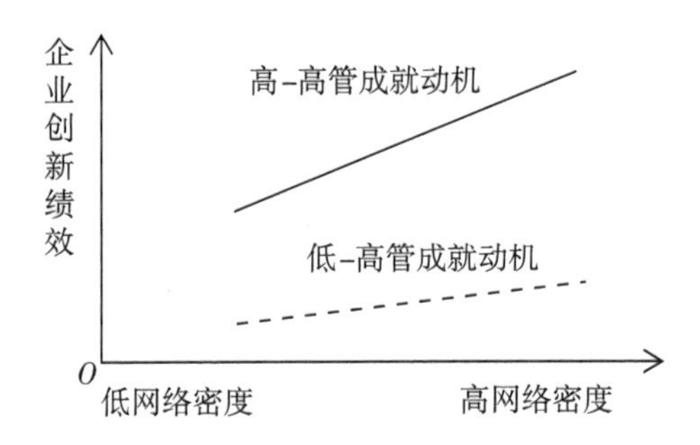

图 6.7 高管成就动机与网络密度的交互作用对企业创新绩效的影响效应图

6.3.2 高管个性特质和网络关系强度的交互作用对企业创新绩效的影响分析

通过表 5-10 可以看出高管个性特质、网络关系强度都与企业创新绩效显著正相关，我们用层次回归分析来检验高管个性特质与网络关系强度的交互作用对企业创新绩效是否有显著影响。

1. 高管个性特质各维度与网络关系强度的交互作用对企业创新绩效的影响

将中心化后的高管个性特质四个维度与网络关系强度，连同它们的交互项分别输入相应的模型中，高管个性特质各维度与网络关系强度的交互作用对企业创新绩效的影响结果如表 6-3 所示。

表 6-3　高管个性特质各维度与网络关系强度的交互作用对企业创新绩效的影响结果

变量		模型 1	模型 2	模型 3	模型 4	变量		模型 5	模型 6	模型 7	模型 8
高管外向性		0.438^{***}	0.463^{***}			高管前瞻性		0.441^{***}	0.458^{***}		
网络关系强度		0.290^{***}	0.289^{***}			网络关系强度		0.275^{***}	0.284^{***}		
高管外向性 × 网络关系强度			0.072			高管前瞻性 × 网络关系强度			0.072		
模型统计量	R^2	0.344	0.348			模型统计量	R^2	0.343	0.348		
	调整 R^2	0.337	0.339				调整 R^2	0.337	0.338		
	F 值	56.250^{***}	38.083^{***}				F 值	56.084^{***}	37.998^{***}		
高管风险倾向				0.401^{***}	0.408^{***}	高管成就动机				0.377^{***}	0.394^{***}
网络关系强度				0.309^{***}	0.300^{***}	网络关系强度				0.326^{***}	0.319^{***}
高管风险倾向 × 网络关系强度					0.095^{*}	高管成就动机 × 网络关系强度					0.082
模型统计量	R^2			0.317	0.326	模型统计量	R^2			0.301	0.307
	调整 R^2			0.311	0.317		调整 R^2			0.295	0.298
	F 值			49.930^{***}	34.510^{***}		F 值			46.304^{***}	31.672^{***}

注：因变量为企业创新绩效；表中回归系数为未标准化回归系数，用 β 表示；P 为显著性，*** 表示 $P<0.001$，** 表示 $P<0.01$，* 表示 $P<0.05$；为去除多重共线性的问题，对交互项进行了中心化处理。

表 6-3 中的模型 1 描述的是高管外向性、网络关系强度与企业创新绩效的关系。模型 1 中高管外向性（β=0.438，P<0.001）、网络关系强度（β=0.290，P<0.001）的回归系数都为正且在 P<0.001 水平上显著，这说明高管外向性、网络关系强度对企业创新绩效具有显著的正向影响。

表 6-3 中的模型 2 在模型 1 的基础上添加了高管外向性、网络关系强度的交互项。模型 2 中的 R^2 值较模型 1 稍有提高（由 0.344 提高到 0.348），这说明高管外向性与网络关系强度的交互项对企业创新绩效有一定的解释作用。交互性的回归系数为正但不显著（β=0.072），这说明高管外向性与网络关系强度的交互作用对企业创新绩效具有不显著的正向影响。

表 6-3 中的模型 3 描述的是高管风险倾向、网络关系强度与企业创新绩效的关系。模型 3 中高管风险倾向（β=0.401，P<0.001）、网络关系强度（β=0.309，P<0.001）的回归系数都为正且在 P<0.001 水平上显著，这说明高管风险倾向、

网络关系强度对企业创新绩效具有显著的正向影响。

表 6–3 中的模型 4 在模型 3 的基础上添加了高管风险倾向与网络关系强度的交互项。模型 4 中的 R^2 值较模型 3 稍有提高（由 0.317 提高到 0.326），这说明高管风险倾向与网络关系强度的交互项对企业创新绩效有一定的解释作用。交互性的回归系数为正且显著（β=0.095，P<0.05），这说明高管风险倾向与网络关系强度的交互作用对企业创新绩效具有比较显著的影响。

表 6–3 中的模型 5 描述的是高管前瞻性、网络关系强度与企业创新绩效的关系。模型 5 中高管前瞻性（β=0.441，P<0.001）、网络关系强度（β=0.275，P<0.001）的回归系数都为正且在 P<0.001 水平上显著，这说明高管前瞻性、网络关系强度对企业创新绩效具有显著的正向影响。

表 6–3 中的模型 6 在模型 5 的基础上添加了高管前瞻性与网络关系强度的交互项。模型 6 中的 R^2 值较模型 5 稍有提高（由 0.343 提高到 0.348），这说明高管前瞻性与网络关系强度的交互项对企业创新绩效有一定的解释作用。交互性的回归系数为正但不显著（β=0.072），这说明高管前瞻性与网络关系强度的交互作用对企业创新绩效具有不显著的正向影响。

表 6–3 中的模型 7 描述的是高管成就动机、网络关系强度与企业创新绩效的关系。模型 7 中高管成就动机（β=0.377，P<0.001）、网络关系强度（β=0.326，P<0.001）的回归系数都为正且在 P<0.001 水平上显著，这说明高管成就动机、网络关系强度对企业创新绩效具有显著的正向影响。

表 6–3 中的模型 8 在模型 7 的基础上添加了高管成就动机与网络关系强度的交互项。模型 8 中的 R^2 值较模型 7 稍有提高（由 0.301 提高到 0.307），这说明高管成就动机与网络关系强度的交互项对企业创新绩效有一定的解释作用。交互性的回归系数为正但不显著（β=0.082），这说明高管成就动机与网络关系强度的交互作用对企业创新绩效具有不显著的正向影响。

2. 高管个性特质与网络关系强度的交互作用对企业创新绩效影响效应分析

将中心化后的高管个性特质与网络关系强度，连同他们的交互项分别输入相应的模型中，高管个性特质与网络关系强度的交互作用对企业创新绩效的影响结果如表 6–4 所示。

表 6-4　高管个性特质与网络关系强度的交互作用对企业创新绩效的影响结果

变量		模型 1	模型 2
高管个性特质		0.503***	0.537***
网络关系强度		0.253***	0.249***
高管个性特质 × 网络关系强度			0.123**
模型统计量	R^2	0.395	0.410
	调整 R^2	0.390	0.401
	F 值	70.330***	49.482***

注：因变量为企业创新绩效；表中回归系数为未标准化回归系数，用β表示；P 为显著性，*** 表示 $P<0.001$，** 表示 $P<0.01$，* 表示 $P<0.05$；为去除多重共线性的问题，对交互项进行了中心化处理。

表 6-4 中的模型 1 描述的是高管个性特质与企业创新绩效的关系。模型 1 中高管个性特质（β=0.503，$P<0.001$）、网络关系强度（β=0.253，$P<0.001$）的回归系数都为正且在 $P<0.001$ 水平上显著，这说明高管个性特质、网络关系强度对企业创新绩效具有显著的正向影响。

表 6-4 中的模型 2 在模型 1 的基础上添加了高管个性特质与网络关系强度的交互项。模型 2 中的 R^2 值较模型 1 有较大的提高（由 0.395 提高到 0.410），这说明高管个性特质与网络关系强度的交互项对企业创新绩效有一定的解释作用。交互性的回归系数为正且显著（β=0.123，$P<0.01$），这说明高管个性特质与网络关系强度的交互作用对企业创新绩效具有显著的正向影响。

结合表 6-3 中的模型 4 和表 6-4 中的模型 2，高管风险倾向与网络关系强度的交互作用对企业创新绩效具有显著的正向影响，高管个性特质与网络关系强度的交互作用对企业创新绩效具有显著的正向影响假设成立。因此，假设 H6 得到验证。

在高管个性特质与网络关系强度的交互作用对企业创新绩效具有显著的正向影响中，高管风险倾向起了重要的作用。为探讨高管个性特质对网络关系强度与企业创新绩效之间关系的调节作用，绘制高管风险倾向与网络关系强度的交互作用对企业创新绩效的影响效应图，如图 6.8 所示。从影响效应来看，较强的高管风险倾向将会放大企业创新绩效。拥有高风险倾向高管的企业更可能吸收并融合组织的关键性资源，企业通过嵌入网络组织获取的知识和信息能够支持企业的创新绩效成果。

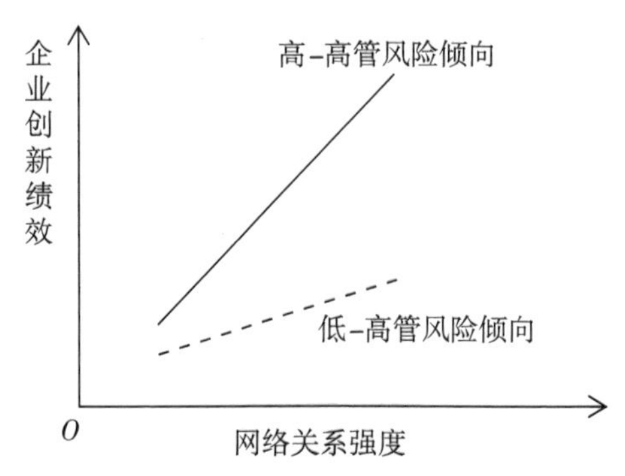

图 6.8 高管风险倾向与网络关系强度的交互作用对企业创新绩效的影响效应图

图 6.8 是高管风险倾向与网络关系强度之间交互项的斜率图（即高管风险倾向与网络关系强度的交互作用对企业创新绩效的影响效应图），它表明高管风险倾向对网络关系强度与企业创新绩效之间起着正向强化作用。该结果表明，对于低风险倾向的高管而言，网络关系强度与企业创新绩效之间正向作用关系较弱，即企业所嵌入的网络关系强度对企业创新绩效影响不大。但对于高风险倾向的高管而言，网络关系强度与企业创新绩效之间呈现出更加强烈的正向作用关系，即企业所嵌入的网络关系强度越大，企业创新绩效越大。总之，高风险倾向的高管能从高关系强度网络中获益，低风险倾向的高管从高关系强度网络中获益较小。

6.3.3 网络密度和网络关系强度的交互作用对企业创新绩效的影响分析

将中心化后的网络密度与网络关系强度，连同它们的交互项分别输入相应的模型中，网络密度与网络关系强度的交互作用对企业创新绩效的影响结果如表 6-5 所示。

表 6-5　网络密度与网络关系强度的交互作用对企业创新绩效的影响结果

变量		模型 1	模型 2
（常量）		4.406***	4.384***
网络密度		0.645***	0.654***
网络关系强度		0.181***	0.175***
交互项			
网络密度 × 网络关系强度			0.030
模型统计量	R^2	0.401	0.403
	调整 R^2	0.396	0.395
	F 值	72.085***	48.156***

注：因变量为企业创新绩效；表中回归系数为未标准化回归系数，用 β 表示；P 为显著性，*** 表示 $P<0.001$，** 表示 $P<0.01$，* 表示 $P<0.05$；为去除多重共线性的问题，对交互项进行了中心化处理。

表 6-5 中的模型 1 描述的是网络密度、网络关系强度与企业创新绩效的关系。模型 1 解释了企业创新绩效总体方差为 0.401，这说明网络密度、网络关系强度对企业创新绩效都有显著的影响作用。网络密度、网络关系强度的回归系数都为正且在 $P<0.001$ 水平上显著，这说明网络密度、网络关系强度对企业创新绩效具有显著的正向影响。

表 6-5 中的模型 2 在模型 1 的基础上加入了网络密度与网络关系强度的交互项，用来检验网络密度与网络关系强度的交互作用对企业创新绩效的影响作用。模型 2 中的 R^2 值较模型 1 有非常小的提高（由 0.401 提高到 0.403），这说明网络密度与网络关系强度的交互项对企业创新绩效有很小的解释作用。交互性的回归系数为正但不显著（β=0.030），这说明网络密度与网络关系强度的交互作用对企业创新绩效具有不显著的正向影响。也就是说，网络密度与网络关系强度的交互作用负向影响企业创新绩效的假设不成立，假设 H7 未通过验证。

6.4 本章小结

本章从动态角度探讨了高管到企业网络嵌入的过程，以及高管个性特质、网络嵌入与企业创新绩效的动态关系。高管个人网络通常是与企业内部网络交融在一起的，高管嵌入企业网络的过程，伴随着企业的创新过程不断变化。高管首先利用自己的知识、能力等嵌入企业内部网络的核心位置，占据优势，组织企业的自主创新；然后高管个体以正式和非正式的关系与其他利益相关者的管理者合作，形成组织间关系网络，以合作方式进行创新；最后各利益相关者多方合作促成结构嵌入形成网络组织，网络成员共同合作，进行网络创新。

第 5 章从静态角度考察了高管个性特质、网络嵌入对企业创新绩效的影响。高管的不同个性特质不同程度地影响着企业创新绩效，网络嵌入在其中起了中介作用。本章从动态的角度分析了高管、网络嵌入等跨层次要素的交互作用对企业创新绩效的影响。通过层次回归分析看出，高管个性特质与网络密度的交互作用显著地正向影响企业创新绩效，其中高管前瞻性和高管成就动机分别显著正向影响网络密度对企业创新绩效的正向关系；高管个性特质与网络关系强度的交互作用对企业创新绩效有正向影响，其中高管风险倾向显著正向影响网络关系强度对企业创新绩效的正向关系；网络密度与网络关系强度的交互作用对企业创新绩效的正向影响不显著。跨层次要素交互作用的影响检验结果汇总如表 6-6 所示。

表 6-6 跨层次要素交互作用的影响检验结果汇总

研究假设	验证结果
H5：高管个性特质与网络密度的交互作用正向影响企业创新绩效	通过
H6：高管个性特质与网络关系强度的交互作用正向影响企业创新绩效	通过
H7：网络密度与网络关系强度的交互作用负向影响企业创新绩效	未通过

04

PART

第四部分
结论篇

第7章

研究结论与展望

在综合分析和运用领导特质理论、网络嵌入理论等相关理论和学者们研究成果的基础上，本书一方面从静态角度探讨了高管个性特质对企业创新绩效的直接影响及高管个性特质通过网络嵌入对企业创新绩效的间接影响，另一方面从动态角度分析了企业、组织间关系、网络组织三个不同层次要素跨层次交互作用对企业创新绩效的影响机理。在理论分析和案例探讨的基础上，本书构建了基于高阶理论和网络嵌入理论的高管个性特质、网络嵌入、企业创新绩效关系理论模型和企业网络跨层次创新机制模型，实证检验了高管个性特质、网络嵌入对企业创新绩效的影响。本书的研究结论与研究启示、研究局限与未来展望概括如下。

7.1　研究结论与研究启示

7.1.1　研究结论

本书借鉴学者们的研究成果，通过案例分析、实证研究深入系统地分析了高管、网络嵌入对企业创新绩效的作用机理，得出以下主要结论。

1. 从静态角度，运用优势分析验证了高管个性特质对企业创新绩效的相对重要性排序为高管的外向性 > 前瞻性 > 风险倾向 > 成就动机

本书通过文献梳理和探索性案例分析，厘清了企业高管个性特质和企业创新绩效的内涵及结构。利用采集的有效样本数据，通过回归分析和结构方程模型进行实证分析得到相同的结果，高管的外向性、风险倾向、前瞻性等个性特

质对企业创新绩效都有显著的正向影响，高管的成就动机对企业创新绩效影响不显著。通过优势分析发现高管的风险倾向、前瞻性、外向性对企业创新绩效的影响显著，且影响程度逐渐增大。总体来看，高管个性特质对企业创新绩效的相对重要性排序为高管的外向性 > 前瞻性 > 风险倾向 > 成就动机。

2. 高管动态嵌入企业网络的过程伴随着企业创新升级

企业的嵌入依赖于高管个人层面的关系，企业层面的联系通过高管个人来运作，高管与合作伙伴组织中的对应方进行互动，从而创造了多层次的嵌入性。网络系统的个人层次与企业层次是相互加强的，企业层次的安排支持个人网络的发展，个人网络关系不仅促进了组织间的协作，还产生了新的价值创造。高管作为企业的决策者和执行者，利用个人特征和个人关系网改变和更新网络，案例探索发现成功的高管和企业是相辅相成、共同成长与发展、互相成就的。高管首先有效嵌入该企业的内部网络，通过知识创造、知识转移，运用各种资源的能力和领导能力嵌入企业内部网络的核心位置，发挥其资源获取和利用的作用，组织企业进行自主创新；其次高管个体以正式和非正式的关系嵌入其他相关组织，形成组织间关系网络，与其他组织合作获得创新所需要的外部资源，发挥其资源链接作用，组织企业进行合作创新；最后随着市场需求的多样化和复杂化，各利益相关者多方合作促成结构嵌入形成网络组织，完成整个网络组织的跨层次耦合，进行多组织协作的网络创新。高管从企业—组织间关系—网络组织的动态嵌入过程也是完成企业自主创新—合作创新—网络创新的过程。

3. 网络嵌入在高管个性特质和企业创新绩效之间发挥了中介作用

通过回归分析发现高管个性特质对企业创新绩效的作用是通过网络嵌入中介传递的。结构方程实证结果也表明，网络嵌入在高管个性特质和企业创新绩效之间的中介作用较为显著。其中，网络嵌入在高管前瞻性和企业创新绩效之间发挥完全中介作用，在高管外向性和企业创新绩效间发挥了部分中介作用。

4. 从动态角度验证了高管个性特质、网络密度、网络关系强度的跨层次交互作用分别正向影响企业创新绩效

影响企业创新绩效的前因很多，关键影响要素可能位于企业内部、组织间关系及网络组织内，也有可能跨层次影响。通过层次回归分析发现，三个层次

要素的跨层次交互作用也对企业创新绩效产生影响，即高管个性特质与网络密度的交互作用显著正向影响企业创新绩效，特别是高管前瞻性和成就动机特质的影响比较显著。高管个性特质与网络关系强度的交互作用显著正向影响企业创新绩效，其中高管风险倾向特质影响比较显著。网络密度与网络关系强度的交互作用对企业创新绩效的正向影响不显著。

7.1.2 研究启示

高管直接影响企业创新绩效，也通过网络嵌入间接影响企业创新绩效。因此，企业应慎重选择高管，充分利用各种关系网络，寻求变革和创新，促进企业持续发展，本书成果对企业管理主要有以下启示。

1. 优先聘用高外向性、高前瞻性的高管

外向性与领导能力、工作绩效等密切相关。高外向性的高管善于交际，乐于与人沟通，能更好地建立社会网络，促进企业绩效的提升。外向性得分高的高管与团队沟通更多，更可能增加团队理解目标和所要达到的绩效。前瞻型个性促进个体创造力。高前瞻性的高管更倾向于有意识地采取行动影响和改变外界不利环境的威胁。成功的高管具有前瞻性地识别外部有用知识的能力，他们往往能够提前捕捉最佳的市场时机，并凭借他们的管理灵活、决策快、反应迅速的优势获取和利用外界稍纵即逝的机会，前瞻行为能够提高企业创新绩效。合理选用高管，充分发挥高管的个性和关系网络，能够增强企业的创造力和创新成果。

2. 加强高管核心引领作用，拓展创新层次

企业创新应该注重“两面一点”。所谓“两面”，即在企业层面以企业为载体，致力于技术创新、产品创新、市场创新等。一家企业要想发展，要想在市场竞争中立足，就必须有创新的实际行动，这些行动可以是“自主创新”或者“集成创新”或者“消化吸收”。在网络层面以政府和行业组织为载体，致力于资源配置创新和组织创新，企业应充分利用外部的有利环境和可能的网络资源，从个体层面的企业自主创新转向合作创新和网络创新。所谓“一点”，就是创新的主体是高管，或高管群体。企业的创新一定要由高管来引领，让有能力、责

任感强的高管成为企业创新的中坚力量，这是市场经济的要求，也是组织创新（体制创新）要解决的核心问题。

3. 提升网络嵌入能力，充分利用网络资源

在目前的网络组织化发展中，企业的创新活动越来越依赖于外部网络。企业仅仅依靠内部资源远远满足不了企业创新的需求，社会网络可以为企业搜寻外部合适资源提供通道，核心企业的网络关系代表了一个企业有价值的资源和能力。企业不仅可以从他们的直接关系中获得收益，还可以从他们相联系的主体间获得收益。网络合作有利于不同主体间进行信息交流，技术知识的共享、传播和转移，还能加快知识积累和能力提升，获得战略性资源，形成企业的竞争优势。核心企业的网络关系以直接和间接的方式影响企业的创新行为和创新绩效。因此，企业应该尽可能多地与利益相关者建立合作关系，与外部组织进行频繁持久的联系，发展信任、互惠、共赢的关系，不断提升网络嵌入能力，有效获取创新所需的各种资源，从而提高企业创新绩效。

4. 构建有效网络，提升企业创新绩效

意识到政府的政策支持及科研单位的技术支持，对促进企业技术创新的重要性，高管会努力与各网络成员建立紧密联系，形成跨层次网络创新。高管与利益相关企业的管理者建立的关系网络对于企业创新绩效能够起到促进作用。由于观点和兴趣的相似性，网络成员紧密联系在一起的局部凝聚力会使成员更容易被新思想所左右，这样的网络可以为成员提供可执行性、信任和知识共享的好处，增强创造力和创新成果。而高管作为在稀疏网络中占据“结构洞”位置的参与者具有许多优势，主要是在信息访问和权力方面，他们可能会想出更好的创意，可以从周围稀疏的网络结构中获益，从而产生较高的企业创新绩效。核心企业在合作中和合作后都依赖他们的协作网络关系来获取信息和支持。因此，企业应充分利用各级政府和高校等科研单位构建合作创新网络，使企业产生新颖而有价值的资源重组的能力，从而有利于塑造企业的重组活动和提升企业创新绩效。

7.2　研究局限与未来展望

本书运用文献分析、探索性案例分析和实证分析的方法，论证了高管个性特质、网络嵌入、企业创新绩效之间的关系，得出了创新性的结论，也得到了提升企业创新绩效的启示。收获之余，也难免存在研究局限的遗憾，留待以后进一步完善和研究。

7.2.1　研究局限

1. 样本聚集的影响

任何实证研究都不可避免地受到样本聚集问题的困扰，样本聚集问题可能会导致高管创新作用的横向依赖。比如，若样本集中于经济发达的地区（地域聚集），因该地区企业的创新绩效本就较高，所以结果可能会高估高管对企业创新绩效的作用；相反，若样本集中于经济欠发达地区，结果可能会低估高管对企业创新绩效的作用。

虽然在选择样本调查对象时，我们注意了调查企业所在区域、创立年限、性质、规模等各方面的差异性，但是也难免出现样本群集问题。一是地域群集。限于个人经济能力与时间精力等因素，难以完成问卷的全国性均分发放，样本数据来自山东省的比重稍大。二是时期群集。由于高管聘用或任期的限制，问卷受访者只能对现任高管的情况做出评价，结果是样本聚集于调查时间的 3～5 年。这些群集问题可能会导致高管作用的高估。

2. 变量测度的影响

本书的设计题项采用李克特 7 级量表的变量测度方法，对高管个性特质、网络嵌入、企业创新绩效等变量进行了主观测度，并进行了小样本测试和总体数据效度、信度评估，尽可能保证变量的有效性和可靠性，但难以避免主观评分可能造成的测度偏差，可能会对研究结果造成一定影响。

7.2.2 研究展望

1. 细分研究

为避免样本聚集的潜在影响，未来研究会在更广的区域范围、更长的研究时间内收集更多的样本数量，从而进行分行业或分地域的细化研究，以深入分析企业创新绩效的前驱因素。在区分行业或地域的基础上，给予企业针对性的指导。

2. 精细研究

为避免变量主观测度的潜在影响，未来的研究会采用更加客观的方法进行变量测度。比如，采用专利数等指标衡量创新绩效，运用软件计算网络密度、网络关系强度等指标，也可以综合使用客观数据对高管个性特质进行测度，可能会使研究效度更高，研究结论更具可重复性。

另外，在探讨高管和企业网络动态嵌入时，仅是理论探讨，限于能力或篇幅，尚未采用仿真研究方法进行具体论证。在后续研究中，我们将尝试采用仿真研究方法分阶段研究剖析个人网络和企业网络动态嵌入的临界点，以及各个阶段的嵌入条件。

附录 1

各变量题项的描述性统计

题项	最小值	最大值	平均值	标准差	方差	偏度	峰度
X111	1	7	5.56	1.515	2.294	−1.174	0.835
X112	1	7	5.75	1.552	2.408	−1.640	2.111
X113	1	7	5.53	1.688	2.849	−1.313	0.843
X114	1	7	5.63	1.564	2.447	−1.458	1.461
X115	1	7	5.78	1.476	2.179	−1.601	2.102
X121	1	7	4.32	1.767	3.122	−0.330	−0.883
X122	1	7	4.93	1.691	2.861	−0.720	−0.369
X123	1	7	4.75	1.799	3.238	−0.720	−0.534
X131	1	7	5.59	1.438	2.068	−1.453	1.774
X132	1	7	5.40	1.540	2.371	−1.136	0.583
X133	1	7	5.56	1.391	1.934	−1.374	1.554
X134	1	7	5.41	1.522	2.316	−1.245	0.898
X141	1	7	5.81	1.340	1.797	−1.705	2.931
X142	1	7	5.68	1.370	1.876	−1.497	2.317
X143	1	7	5.66	1.336	1.784	−1.445	2.231
X144	1	7	5.63	1.419	2.013	−1.460	1.759
X145	1	7	5.74	1.420	2.017	−1.837	3.364
Y1	1	7	4.72	1.752	3.069	−0.660	−0.672
Y2	1	7	4.26	1.837	3.374	−0.265	−1.064
Y3	1	7	4.21	1.856	3.446	−0.262	−1.118
Y4	1	7	4.36	1.773	3.145	−0.366	−1.063

续表

题项	最小值	最大值	平均值	标准差	方差	偏度	峰度
Y5	1	7	4.34	1.719	2.955	−0.359	−0.956
Y6	1	7	4.37	1.766	3.118	−0.373	−0.972
Y7	1	7	4.58	1.756	3.083	−0.530	−0.792
Z11	1	7	5.30	1.606	2.579	−1.095	0.319
Z12	1	7	4.83	1.669	2.787	−0.616	−0.543
Z13	1	7	4.92	1.601	2.565	−0.639	−0.474
Z14	1	7	5.14	1.629	2.654	−0.786	−0.270
Z15	1	7	4.32	1.732	3.001	−0.240	−1.037
Z21	1	7	3.54	1.712	2.931	0.471	−0.708
Z22	1	7	3.95	1.742	3.034	0.110	−0.917
Z23	1	7	3.44	1.626	2.643	0.512	−0.695
Z24	1	7	3.47	1.862	3.467	0.377	−1.066

附录 2

访谈提纲

一、公司基本情况

1. 公司目前的技术实力怎么样？在国内处于什么地位？在行业处于什么地位？

2. 公司是否经常与客户、供应商、同行等进行经验、技术交流？是否定期举行客户答谢会、供应商大会等？

3. 公司是否经常与政府、金融机构、科研院所等进行联系？

4. 创新过程中公司与相关利益者是否经常互动？请举例说明。

5. 与同行其他企业相比，公司的客户、供应商是否更多？与公司合作的科研院所等是否更多？

6. 公司自己独立研发的创新多吗？

7. 从公司历年发展情况来看，公司的绩效情况如何？绩效增长情况如何？

8. 公司是否重视产品创新、技术创新、管理创新？公司有哪些具体措施？

9. 你对公司的创新绩效是否满意？

二、高管特质和行为对公司创新绩效的影响

1. 您熟悉公司的高管吗？您和高管接触的频率为多少？

2. 您认为公司高管是否重视创新？

3. 您认为现有高管具有哪些特质？是否爱社交活动、自信、乐观、善于人际交往？是否对事物具有敏锐的洞察力，善于捕捉机遇，主动改变环境？是否喜欢接受挑战，会做出冒风险的决策行为？是否寻求挑战、敢于承担责任、追求卓越、力争成功？如果有，请举例说明。

4. 公司高管与客户、供应商、竞争对手等企业管理者的沟通交流情况如何？

5. 公司高管与政府部门、行业管理部门、科研院所等单位的管理者沟通交流情况如何?

6. 您认为公司高管对公司的影响有多大?高管的个人特征中哪些对公司的创新绩效影响大一些?哪些影响小一些?谈谈您的看法。

附录 3

调查问卷

“高管个性特质、网络嵌入对企业创新绩效影响的研究”

尊敬的女士 / 先生：

您好！本问卷旨在探讨高管个性特质、合作伙伴间关系和企业创新绩效之间的关系，为促进企业创新和发展提供指导与建议。非常感谢您在百忙之中提供帮助，请在空白横线处填写或在相符的选项处划“√”或把相应选项涂画颜色。问卷采用匿名形式，不涉及公司名称和填写者姓名，数据仅供科研使用。我们将恪守科学研究道德规范，不得以任何形式向任何人泄露相关信息，请您放心填写。非常感谢您的合作，如果您对分析结果感兴趣，非常欢迎您和我联系。

问卷说明：如果您本人就是公司的高管，请您依据公司和自己的情况对问卷进行作答；如果您不是公司的高管，请您依据对公司和高管的了解对问卷进行作答。

一、高管个人的基本信息

1. 贵公司高管（您或您的领导）的年龄：

□ 30 岁及以下　□ 31～35 岁　□ 36～40 岁　□ 41～45 岁　□ 46～50 岁

□ 51～55 岁　□ 56～60 岁　□ 61 岁及以上

2. 贵公司高管（您或您的领导）的性别：

□男　□女

3. 贵公司高管（您或您的领导）的学历为：

□博士　□硕士　□大学本科　□大学专科　□高中、中专及以下

4. 贵公司高管（您或您的领导）在公司的职务级别：

□董事长 □总裁 □总经理 □董事长 + 总经理 □副董事长 + 总经理

□董事 + 总经理 □其他

5. 除在本公司任职外，请告知贵公司高管（您或您的领导）在其他公司任董事长 / 总经理的经历次数______次，其涉及不同行业领域的数量为________。

6. 作为高管，您或您的领导是：

□自己创业 □内部提拔 □外部空降

7. 作为高管，您或您的领导现在或者过去是否在以下单位有政治任职：

□管理机构（公务员或事业编的行政管理部门） □高校或科研机构

□银行等金融机构 □没有

8. 高管（您或您的领导）在贵公司就职已有：

□ 2 年以下 □ 2～5 年 □ 6～10 年 □ 11～20 年 □ 21～30 年

□ 31 年及以上

9. 您或您的领导在贵公司担任高管多长时间？

□ 2 年以下 □ 2～5 年 □ 6～10 年 □ 11～20 年 □ 20 年以上

10. 除在公司任职外，请告知贵公司高管（您或您的领导）在其他组织担任兼职的数量，共有兼职________个。

二、贵公司的基本信息

1. 贵公司主要业务的经营所在地：____________省____________市。

2. 贵公司已成立：

□ 3 年及以下 □ 4～10 年 □ 11～30 年 □ 31～60 年 □ 61 年及以上

3. 贵公司的主要业务是属于哪一个行业？

□农、林、牧、渔业 □采矿业 □建筑业 □制造业 □住宿、餐饮业

□房地产业 □交通运输、仓储和邮政业 □租赁服务业

□信息传输、计算机服务和软件业 □科学研究、技术服务和地质勘查业 □批发零售业 □金融业 □水利、环境公共设施管理业 □居民服务及其他服务业 □教育 □卫生、社会保障和社会福利业 □公共管理和社会组织 □文化、体育和娱乐业 □国际组织 □其他

4. 贵公司的股权性质？

□国有或国有控股 □民营企业 □外资 □中外合资 □其他

5. 贵公司是否被认定为高新技术企业？

□是 □否

6. 贵公司是否属于知识密集型企业？

□是 □否

7. 贵公司人数为：

□ 49 人及以下 □ 50～99 人 □ 100～299 人 □ 300～499 人

□ 500～999 人 □ 1000 人及以上

8. 请问贵公司的总股本中，高管（您或您的领导）所持的股权比例（含具有表决权的代持股权）为________，高管团队（公司副总经理、财务总监、总工程师以上人员）所持有股权为________。

9. 贵公司近三年年均总销售额（单位：人民币元）为：

□ 100 万以下 □ 100 万～不足 300 万 □ 300 万～不足 1000 万

□ 1000 万～不足 3000 万 □ 3000 万～不足 1 亿 □ 1 亿～不足 3 亿

□ 3 亿～不足 10 亿 □ 10 亿及以上

10. 贵公司的资产总额（单位：人民币元）为：

□ 4000 万以下 □ 4000 万～不足 1 亿 □ 1 亿～不足 3 亿

□ 3 亿～不足 10 亿 □ 10 亿及以上

三、高管个性特质

变量维度	请根据高管个性特质进行评价		完全不符合	比较不符合	稍微不符合	不确定	稍微符合	比较符合	完全符合
外向性	X111	喜欢与他人交朋友	1	2	3	4	5	6	7
	X112	做事通常比较积极主动	1	2	3	4	5	6	7
	X113	待人热情友好，比较有亲切感	1	2	3	4	5	6	7
	X114	乐于与人共处，愿意与人合作	1	2	3	4	5	6	7
	X115	做事始终精神饱满，充满活力	1	2	3	4	5	6	7
风险倾向	X121	喜欢尝试新奇的事物	1	2	3	4	5	6	7
	X122	认为只要能获得相应的收益，冒险是必要和值得的	1	2	3	4	5	6	7
	X123	喜欢接受挑战，为了成功愿意冒一定风险	1	2	3	4	5	6	7
前瞻性	X131	善于在复杂的环境中捕捉机遇	1	2	3	4	5	6	7
	X132	善于将难题转化为企业的发展机遇	1	2	3	4	5	6	7
	X133	常常先于他人发现一些好的机会	1	2	3	4	5	6	7
	X134	常常先于他人发现并解决问题	1	2	3	4	5	6	7
成就动机	X141	希望得到社会和其他人的认可	1	2	3	4	5	6	7
	X142	对于实现成就目标具有强烈的紧迫感	1	2	3	4	5	6	7
	X143	经常探寻新的途径以实现自己的理想目标	1	2	3	4	5	6	7
	X144	总是追求卓越，力求出类拔萃	1	2	3	4	5	6	7
	X145	会坚持不懈地付出努力以提升自己的人生价值	1	2	3	4	5	6	7

四、近三年来，本企业与合作伙伴之间的关系

（合作伙伴指与本企业有合作关系而非一次性交易的供应商、客户、政府、科研院所等）

变量维度	请根据贵公司的实际情况进行评价		完全不符合	比较不符合	稍微不符合	不确定	稍微符合	比较符合	完全符合
网络密度	Z11	大多数与贵公司相关的企业都了解贵公司的技术能力和产品	1	2	3	4	5	6	7
	Z12	大多数与贵公司相关的企业经常与贵公司进行技术或经验交流	1	2	3	4	5	6	7
	Z13	当需要技术建议或技术支持时，其他企业经常希望贵公司提供新知识或经验	1	2	3	4	5	6	7
	Z14	贵公司与供应商、用户、科研院所及其他机构之间的联系非常紧密	1	2	3	4	5	6	7
	Z15	行业内大部分的创新都是贵公司自己独立研发的	1	2	3	4	5	6	7
	请根据贵公司的实际情况进行评价		没有	每年一两次	半年一两次	每季度一两次	每月一两次	每周一两次	每周两次以上
网络关系强度	Z21	贵公司经常与供应商进行经验、技术交流	1	2	3	4	5	6	7
	Z22	贵公司经常与客户进行市场经验、技术交流	1	2	3	4	5	6	7
	Z23	贵公司经常与行业内的企业进行经验、技术交流	1	2	3	4	5	6	7
	Z24	贵公司经常与政府、大学、银行等金融机构和行业中介机构进行联系	1	2	3	4	5	6	7

五、企业创新绩效

变量	过去三年中，与国内同行业企业的平均水平相比，企业的创新情况，请根据贵公司的实际情况进行评价		完全不符合	比较不符合	稍微不符合	不确定	稍微符合	比较符合	完全符合
企业创新绩效	Y1	贵公司经常可以想出许多改善产品生产流程的不同方法	1	2	3	4	5	6	7
	Y2	贵公司有相当高的利润来自新开发的产品或技术	1	2	3	4	5	6	7
	Y3	贵公司比主要竞争对手拥有更多数量的专利权	1	2	3	4	5	6	7
	Y4	贵公司的新产品或新技术开发速度比主要竞争对手更快	1	2	3	4	5	6	7
	Y5	贵公司的新产品或新技术开发的成功率比主要竞争对手更高	1	2	3	4	5	6	7
	Y6	贵公司的新产品销售比例水平比主要竞争对手更高	1	2	3	4	5	6	7
	Y7	贵公司的管理创新（如战略规划、用人、领导与控制等方面）能力比主要竞争对手更强	1	2	3	4	5	6	7

参考文献

中文参考文献

[1] 蔡宁，闫春 . 开放式创新绩效的测度：理论模型与实证检验 [J]. 科学学研究，2013，31（3）：469–480.

[2] 陈红，张玉，刘东霞 . 政府补助、税收优惠与企业创新绩效：不同生命周期阶段的实证研究 [J]. 南开管理评论，2019，22（3）：187–200.

[3] 陈劲，陈钰芬 . 开放创新体系与企业技术创新资源配置 [J]. 科研管理，2006（3）：1–8.

[4] 陈劲，陈钰芬 . 企业技术创新绩效评价指标体系研究 [J]. 科学学与科学技术管理，2006（3）：86–91.

[5] 陈强 . 企业管理人员成就动机的测量与分析 [J]. 应用心理学，1990（4）：38–45.

[6] 陈晓萍，徐淑英，樊景立 . 组织管理研究的实证方法 [M]. 2 版 . 北京：北京大学出版社，2012.

[7] 池仁勇 . 企业技术创新效率及其影响因素研究 [J]. 数量经济技术经济研究，2003（6）：105–108.

[8] 池仁勇 . 区域中小企业创新网络的结点联结及其效率评价研究 [J]. 管理世界，2007（1）：105–112+121.

[9] 董津津，陈关聚 . 创新网络嵌入性、社区意识对企业创新绩效的影响 [J]. 科技进步与对策，2020，37（5）：77–86.

[10] 段玲玲 . CEO 个人特征对企业技术创新的影响研究：基于上市公司实证分析 [D]. 重庆：西南大学，2019.

[11] 淦未宇 . 女性高管抑制了企业 R&D 投资吗？：基于中国上市公司的实证检验 [J]. 西南政法大学学报，2018，20（2）：124-135.

[12] 韩宝珺 . 高管团队特征、股权性质与企业投资效率 [J]. 吉林工商学院学报，2019，35（3）：57-65.

[13] 韩莹，陈国宏 . 多重网络嵌入与产业集群知识共享关系研究 [J]. 科学学研究，2016，34（10）：1498-1506.

[14] 何亚琼，秦沛，苏竣 . 中国 31 省市区域创新能力增长效率评价研究 [J]. 哈尔滨工业大学学报，2006（1）：101-103+115.

[15] 贺桥辉 . 网络嵌入视角下中层管理者角色行为对企业创新绩效的影响研究 [D]. 衡阳：南华大学，2016.

[16] 黄继生 . 网络嵌入与突破性创新绩效关系研究：创新合法性和创新资源获取的影响 [D]. 杭州：浙江工商大学，2017.

[17] 李靖华，黄继生 . 网络嵌入、创新合法性与突破性创新的资源获取 [J]. 科研管理，2017，38（4）：10-18.

[18] 李平，曹仰锋，徐淑英 . 案例研究方法：理论与范例：凯瑟琳 · 艾森哈特论文集 [J]. 管理案例研究与评论，2012，5（5）：405.

[19] 李平，曹仰锋 . 案例研究方法：理论与范例：凯瑟琳 · 艾森哈特论文集 [M]. 北京：北京大学出版社，2012.

[20] 李正卫，高蔡联，张祥富 . 创始人前摄性个性对企业创新绩效的影响：社会网络的中介作用 [J]. 科学学研究，2013，31（11）：1752-1759.

[21] 廖中举 . 组织风险倾向研究述评与展望 [J]. 外国经济与管理，2015，37（8）：78-86.

[22] 林润辉，张红娟，范建红 . 基于网络组织的协作创新研究综述 [J]. 管理评论，2013，25（6）：31-46.

[23] 林勇，周妍巧 . 高层管理者的教育背景与公司绩效：基于创业板数据的实证检验 [J]. 中南大学学报：社会科学版，2011，17（5）：60-65.

[24] 刘军 . 管理研究方法：原理与应用 [M]. 北京：中国人民大学出版社，2008.

[25] 刘思萌，吕扬 . 创业企业的网络嵌入性、知识整合和创新绩效的影响研究 [J]. 科技管理研究，2019，39（24）：85-90.

[26] 刘学元，丁雯婧，赵先德 . 企业创新网络中关系强度、吸收能力与创新绩效的关系研究 [J]. 南开管理评论，2016，19（1）：30–42.

[27] 刘玥，白新文 . 外向者胜出吗？外向性和销售绩效的非线性关系 [J]. 管理评论，2016，28（7）：112–119.

[28] 芦炜 . 科技创业者创业动机与新创企业绩效的关系研究 [J]. 工业技术经济，2018，37（10）：35–41.

[29] 栾斌 . 高管持股门槛下的技术创新的就业效应 [D]. 重庆：重庆大学，2016.

[30] 罗伯特 · K. 殷 . 案例研究：设计与方法 [M]. 3 版 . 周海涛，李永贤，张蘅，译 . 重庆：重庆大学出版社，2004.

[31] 马彩凤，彭正银 . CEO 任期与企业绩效关系研究 [J]. 财经问题研究，2019（5）：130–136.

[32] 马昆姝，覃蓉芳，胡培 . 个人风险倾向与创业决策关系研究：风险感知的中介作用 [J]. 预测，2010，29（1）：42–48.

[33] 马庆国 . 管理统计：数据获取、统计原理、SPSS 工具与应用研究 [M]. 北京：科学出版社，2002.

[34] 彭伟，符正平 . 创业导向、双重网络嵌入与集群企业升级关系研究：基于珠三角地区的实证研究 [J]. 广东财经大学学报，2014，29（3）：71–80.

[35] 彭新敏，吴丽娟，王琳 . 权变视角下企业网络位置与产品创新绩效关系研究 [J]. 科研管理，2012，33（8）：137–145.

[36] 彭正银，黄晓芬，隋杰 . 跨组织联结网络、信息治理能力与创新绩效 [J]. 南开管理评论，2019，22（4）：187–198.

[37] 彭正银，廖天野 . 连锁董事治理效应的实证分析：基于内在机理视角的探讨 [J]. 南开管理评论，2008（1）：99–105.

[38] 钱锡红，徐万里，杨永福 . 企业网络位置、间接联系与创新绩效 [J]. 中国工业经济，2010（2）：78–88.

[39] 钱锡红，杨永福，徐万里 . 企业网络位置、吸收能力与创新绩效：一个交互效应模型 [J]. 管理世界，2010（5）：118–129.

[40] 任兵，阎大颖，张婧婷 . 连锁董事与企业战略：前沿理论与实证研究评述 [J]. 南开学报：哲学社会科学版，2008（3）：119–126.

[41] 芮雪琴，蒋媛卉 . 企业科技型人才大五人格特质与知识共享绩效的关系研究 [J]. 科技管理研究，2015，35（5）：157–163.

[42] 沈灏，李垣 . 联盟关系、环境动态性对创新绩效的影响研究 [J]. 科研管理，2010，31（1）：77–85.

[43] 宋建波，文雯 . 董事的海外背景能促进企业创新吗？ [J]. 中国软科学，2016（11）：109–120.

[44] 谭庆美，刘楠，董小芳 . CEO 权力、产权性质与创新绩效 [J]. 哈尔滨工业大学学报：社会科学版，2015，17（3）：126–134.

[45] 谭云清 . 网络嵌入特征、搜索策略对企业开放式创新的影响研究 [J]. 管理学报，2015，12（12）：1780–1787.

[46] 汪金爱，章凯，赵三英 . 为什么 CEO 解职如此罕见？一种基于前景理论的解释 [J]. 南开管理评论，2012，15（1）：54–66.

[47] 王长峰 . 知识属性、网络特征与企业创新绩效：基于吸收能力的视角 [D]. 济南：山东大学，2009.

[48] 王福胜，王摄琰 . CEO 网络嵌入性与企业价值 [J]. 南开管理评论，2012，15（1）：75–83.

[49] 王核成，李鑫 . 企业网络嵌入性对创新绩效的影响：网络权力的中介作用及吸收能力的调节作用 [J]. 科技管理研究，2019，39（21）：122–129.

[50] 王奇，吴秋明 . 中国上市家族企业继任者创新绩效研究 [J]. 技术经济与管理研究，2018（12）：3–8.

[51] 王永贵，刘菲 . 信任有助于提升创新绩效吗：基于 B2B 背景的理论探讨与实证分析 [J]. 中国工业经济，2019（12）：152–170.

[52] 王宇 . CEO 过度自信对 IT 投资与公司绩效之间关系的影响研究 [D]. 哈尔滨：哈尔滨工业大学，2018.

[53] 魏江，徐蕾 . 知识网络双重嵌入、知识整合与集群企业创新能力 [J]. 管理科学学报，2014，17（2）：34–47.

[54] 吴明隆 . 问卷统计分析实务：SPSS 操作与应用 [M]. 重庆：重庆大学出版社，2010.

[55] 吴楠 . 关系嵌入、组织间学习能力与技术创新绩效关系研究 [D]. 西安：西北工业大学，2015.

[56] 肖红新，陈秋华 . 创业者特质、资源拼凑与新创林业企业绩效 [J]. 林业经济问题，2019，39（6）：636–642.

[57] 肖红新，陈秋华 . 民营企业家特质与创业绩效研究：基于创业资源新组拼视角 [J]. 福建论坛：人文社会科学版，2019（2）：40–46.

[58] 谢洪明，张霞蓉，程聪，等 . 网络互惠程度对企业技术创新绩效的影响：外部社会资本的中介作用 [J]. 研究与发展管理，2012，24（3）：49–55.

[59] 谢洪明，赵华锋，张霞蓉 . 网络关系嵌入与管理创新绩效之间的关系：基于知识流入的视角 [J]. 技术经济，2012，31（5）：18–23.

[60] 谢洪明，赵丽，程聪 . 网络密度、学习能力与技术创新的关系研究 [J]. 科学学与科学技术管理，2011，32（10）：57–63.

[61] 谢尚委，廖宝丽 . 高管持股与企业 R&D 投入的相关性研究：基于制造业上市公司的经验数据 [J]. 商业经济，2012（17）：100–102.

[62] 徐立国，席酉民，郭菊娥，等 . 社会化过程中领导特质的类型及其形成与关系研究 [J]. 南开管理评论，2016，19（3）：51–63.

[63] 颜晓畅 . 政府研发补贴对创新绩效的影响：创新能力视角 [J]. 现代财经：天津财经大学学报，2019，39（1）：59–71.

[64] 杨友仁，夏铸九 . 跨界生产网络的组织治理模式：以苏州地区信息电子业台商为例 [J]. 地理研究，2005（2）：253–264.

[65] 叶莲花，凌文辁 . 工业与组织心理学中的前瞻性人格 [J]. 心理科学进展，2007（3）：498–504.

[66] 叶仁敏，Kunt A. Hagtvet. 成就动机的测量与分析 [J]. 心理发展与教育，1992（2）：14–16.

[67] 于淼，马文甲 . CEO 个性、资源拼凑与开放式创新：基于中小企业视角的研究 [J]. 山西财经大学学报，2018，40（5）：83–94.

[68] 于树江，赵丽娇 . 京津冀装备制造业产业政策对技术创新绩效的影响研究：产业集聚的调节作用 [J]. 工业技术经济，2019，38（2）：36–43.

[69] 张方华 . 网络嵌入影响企业创新绩效的概念模型与实证分析 [J]. 中国工业经济，2010（4）：110–119

[70] 张峰，王睿 . 政府管制与双元创新 [J]. 科学学研究，2016，34（6）：938–950.

[71] 张红娟，谭劲松．联盟网络与企业创新绩效：跨层次分析 [J]. 管理世界，2014（3）：163–169.

[72] 张骄阳．企业家人口背景特征与企业商业模式创新绩效的实证研究 [D]. 西安：西北大学，2015.

[73] 张婕，樊耘，张旭．前摄性行为视角下的员工创新：前摄型人格、反馈寻求与员工创新绩效 [J]. 南开管理评论，2014，17（5）：13–23.

[74] 张瑾，杨蕙馨．民营高科技企业家创新能力影响因素实证研究：基于人力资本视角 [J]. 华东经济管理，2009，23（10）：93–97.

[75] 张向葵，张林，马利文．认知评价、心理控制感、社会支持与高考压力关系的研究 [J]. 心理发展与教育，2002（3）：74–79.

[76] 张雪．CEO 特征、公司创业导向与创新绩效：CEO 防御的调节作用 [D]. 兰州：兰州大学，2018.

[77] 张玉利，杨俊，任兵．社会资本、先前经验与创业机会：一个交互效应模型及其启示 [J]. 管理世界，2008（7）：91–102.

[78] 赵观兵，梅强，万武．创业环境动态性、创业者特质与创业资源识别关系的实证研究：以产业集群为视角 [J]. 科学学与科学技术管理，2010，31（8）：90–96.

[79] 赵辉，田志龙．伙伴关系、结构嵌入与绩效：对公益性 CSR 项目实施的多案例研究 [J]. 管理世界，2014（6）：142–156.

[80] 周婧婧．CEO 过度自信对企业创新绩效的影响：基于企业风险承担的调节作用 [D]. 北京：北京交通大学，2019.

[81] 朱丽，刘军，刘超，等．异质性行业连接、网络权力与创新绩效关系研究：基于中国上市公司全网络 [J]. 经济管理，2017，39（9）：35–48.

[82] 朱顺林．基于网络嵌入的子公司演化成长机制研究 [D]. 杭州：浙江大学，2012.

[83] 庄小将．结构嵌入性对集群企业技术创新绩效的影响 [J]. 技术经济与管理研究，2016（2）：19–24.

外文参考文献

[1] ANDERSSON U，FORSGREN M，HOLM U. The strategic impact of external networks：subsidiary performance and competence development in the multinational corporation[J]. Strategic Management Journal，2002，23（11）：979–996.

[2] ARONSON Z H，REILLY R R，LYNN G S. The impact of leader personality on new product development teamwork and performance：the moderating role of uncertainty[J]. Journal of Engineering and Technology Management，2006（23）：221–247.

[3] ASHTON M C，LEE K，PAUNONEN S V.What is the central feature of extraversion? Social attention versus reward sensitivity[J]. Journal of Personality and Social Psychology，2002，83（1）：245–251.

[4] BARNEY J. Firm resources and sustained competitive advantage[J]. Journal of Management，1991，17（1）：99–120.

[5] BARRICK M R，MOUNT M K，JUDGE T A.Personality and performance at the beginning of the new millennium：what do we know and where do we next?[J]. International Journal of Selection and Assessment，2001，9（1）：9–30.

[6] BATEMAN T S，CRANT J M. The proactive component of organizational behavior：a measure and correlates[J]. Journal of Organizational Behavior，1993，14（2）：103–118.

[7] BECHERER R C，MAURER J G. The proactive personality disposition and entrepreneurial behavior among small company presidents[J]. Journal of Small Business Management，1999，37（1）：28–36.

[8] BOWMAN E H. A risk/return paradox for strategic management[J]. Sloan Management Review，1980，21（3）：17–31.

[9] BROMILEY P，RAU D.Social，behavioral，and cognitive influences on upper echelons during strategy process：a literature review[J]. Journal of Management，2016，42（1）：174–202.

[10] BUDESCU D V. Dominance analysis：a new approach to the problem of relative importance of predictors in multiple regression[J]. Psychological Bulletin，1993，114（3）：542–551.

[11] BURT R S. Structural holes: the social structure of competition[J]. American Journal of Sociology, 1992, 99（4）: 7060–7066.

[12] CARPENTER M A, GELETKANYCZ M A, SANDERS W G. Upper echelons research revisited: antecedents, elements, and consequences of top management team composition[J]. Journal of Management, 2004（30）: 749–778.

[13] CHATTERJEE A, HAMBRICK D C. It's all about me: narcissistic chief executive officers and their effects on company strategy and performance[J]. Administrative Science Quarterly, 2007, 52（3）: 351–386.

[14] CHEN G L, CROSSLAND C, LUO S Q. Making the same mistake all over again: CEO overconfidence and corporate resistance to corrective feedback[J]. Strategic Management Journal, 2015, 36（10）: 1513–1535.

[15] CLAES R, BEHEYDT C, LEMMENS B. Unidimensionality of abbreviated proactive personality scales across cultures[J]. Applied Psychology: An international review, 2005, 54（4）: 476–489.

[16] COLEMAN J S.Social capital in the creation of human capital[J]. American Journal of Sociology, 1988（94）: 95–120.

[17] COSTA P T, MCCRAE R R. Revised NEO personality inventory（NEO–PI–R）and NEO five–factor inventory（NEO–FFI）professional manual[M]. Odessa: Psychological Assessment Resources, Inc., 1992.

[18] CRANT J M, BATEMAN T S.Charismatic leadership viewed from above: the impact of proactive personality[J]. Journal of Organizational Behavior, 2000, 21（1）: 63–75.

[19] DAELLENBACH U S, MCCARTHY A M, SCHOENECKER T S. Commitment to innovation: the impact of top management team characteristics[J]. R&D Management, 1999, 29（3）: 199–208.

[20] DAS T K, TENG B S.A resource–based theory of strategic alliance[J]. Journal of Management, 2000, 26（1）: 31–61.

[21] DINH J E, LORD R G. Implications of dispositional and process views of traits for individual difference research in leadership[J]. The Leadership Quarterly, 2012（23）: 651–669.

[22] EISENHARDT K M, SCHOONHOVEN C B. Resource based view of strategic alliance formation: Strategic and social effects in entrepreneurial firms[J]. Organization Science, 1996, 7（2）: 136–150.

[23] FINKELSTEIN S, HAMBRICK D C, CANELLA B. Strategic leadership: theory and research on executives, top management teams and boards[M]. Oxford: Oxford University Press, 2009.

[24] FREEMAN C. The Economics of Industrial Innovation[M]. 2nd ed. London: Frances Pinter, 1982.

[25] GEMUNDEN H G, RITTER T, HEYDEBRECK P.Network configuration and innovation success: an empirical analysis in German high–tech Industries[J]. International Journal of Research in Marketing, 1996, 13（5）: 449–462.

[26] GJESME T, NYGARD R. Achievement–related motives: theoretical considerations and construction of a measuring instrument.[R]. Olso: University of Oslo, 1970.

[27] GRANOVETTER M. Economic action and social structure: the problem of embeddedness[J]. The American Journal of Sociology, 1985, 91（3）: 481–510.

[28] GRANOVETTER M, SWEDBERG R.The sociology of economic life [M]. Boulder: Westview Press, 1992.

[29] GULATI R, GARGIULO M. Where do interorganizational networks come from?[J]. The American Journal of Sociology, 1999, 104（5）: 1439–1493.

[30] GULATI R.Network location and learning: the influence of network resources and firm capabilities on alliance formation[J]. Strategic Management Journal, 1999, 20（5）: 397–420.

[31] GULER I, NERKAR A.The impact of global and local cohesion on innovation in the pharmaceutical industry[J]. Strategic Management Journal, 2012, 33（5）: 535–549.

[32] HAGEDOORN J, CLOODT M. Measuring innovative performance: is there an advantage in using multiple indicators?[J]. Research Policy, 2003, 32（8）: 1365–1379.

[33] HAGEDOORN J. Understanding the cross–level embeddedness of interfirm partnership formation[J]. The Academy of Management Review, 2006, 31（3）: 670–690.

[34] HAKANSSON H, SNEHOTA I. Developing relationships in business networks[M].

London，New York：Routledge & Kegan Paul，1995.

[35] HALINEN A，TORNROOS J-A. The role of embeddedness in the evolution of business networks[J]. Scandinavian Journal of Management，1998，14（3）：187-205.

[36] HAMBRICK D C，MASON P A. Upper echelons：the organization as a reflection of its top managers[J]. The Academy of Management Review，1984，9（2）：193-206.

[37] HAMBRICK D C. Upper echelons theory：an update[J]. Academy of Management Review，2007，32（2）：334-343.

[38] HILLER N J，HAMBRICK D C. Conceptualizing executive hubris：the role of（hyper-）core self-evaluations in strategic decision-making[J]. Strategic Management Journal，2005，26（4）：297-319.

[39] HITE J M，HESTERLY W S. The evolution of firm networks：from emergence to early growth of the firm[J]. Strategic Management Journal，2001，22（3）：275-286.

[40] HOSKISSON R E，GAMBETA E，GREEN C D，et al. Is my firm-specific investment protected? overcoming the stakeholder investment dilemma in the resource-based view[J]. The Academy of Management Review，2018，43（2）：284-306.

[41] JOHNSON J W. A heuristic method for estimating the relative weight of predictor variables in multiple regression[J]. Multivariate Behavioral Research，2000，35（1）：1-19.

[42] JUDGE T A，LOCKE E A，DURHAM C C. The dispositional causes of job satisfaction：a core evaluations approach[J]. Research in Organizational Behavior，1997（19）：151-188.

[43] KANG S-C，MORRIS S S，SNELL S A. Relational archetypes，organizational learning，and value creation：extending the human resource architecture[J]. The Academy of Management Review，2007，32（1）：236-256.

[44] KIMBERLY J R，EVANISKO M J. Organizational innovation：the influence of individual，organizational，and contextual factors on hospital adoption of technological and administrative innovations[J]. Academy of Management Journal，1981，24（4）：689-713.

[45] KRASIKOVA D，LEBRETON J M，TONIDANDEL S. Estimating the relative importance of variables in multiple regression models[J]. International Review of Industrial

and Organizational Psychology，2011（26）：119–141.

[46] LAVIE D. The competitive advantage of interconnected firms：an extension of the resource–based view[J]. The Academy of Management Review，2006，31（3）：638–658.

[47] LEE C，LEE K，PENNINGS J M. Internal capabilities，external networks，and performance：a study on technology–based ventures[J]. Strategic Management Jouranl，2001，22（6–7）：615–640.

[48] LIN N. Social resources and social mobility：a structural theory of status attainment[M]. New York：Cambridge University Press，1990.

[49] LIN N. Les ressources sociales: une th é orie du capital social（Social resources: a theory of social capital）[J]. Revue Francaise de Sociologie，1995，36（4）：685–704.

[50] LOCKE E A，SHAW K N，SAARI L M，et al. Goal setting and task performance：1969–1980[J]. Psychological Bulletin，1981，90（1）：125–152.

[51] MANU F A. Innovation orientation，environment and performance：a comparison of U.S. and European Markets[J]. Journal of International Business Studies，1992，23（2）：333–359.

[52] MCCRAE R R，COSTA P T. Validation of the five–factor model of personality across instruments and observers[J]. Journal of Personality and Social Psychology，1987，52（1）：81–90.

[53] MEHRA A，KILDUFF M，BRASS D J. The social networks of high and low self–monitors：implications for workplace performance[J]. Administrative Science Quarterly，2001，46（1）：121–146.

[54] NADKARNI S，HERRNANN P. CEO personality，strategic flexibility，and firm performance：The case of the Indian business process outsourcing industry[J]. Academy of Management Journal，2010，53（5）：1050–1073.

[55] NORMAN R P. Level of aspiration and social desirability in chronic schizophrenics[J]. Journal of Consulting and Clinical Psychology，1963，27（1）：40–44.

[56] NUNNALLY J C. Psychometric theory[M]. 2nd ed. New York：McGraw–Hill，1978.

[57] PAPADAKIS V M，BOURANTAS D. The Chief Executive Officer as corporate champion of technological innovation：an empirical investigation[J]. Technology Analysis

and Strategic Management, 1998, 10 (1): 89-110.

[58] PAPANICOLAOU V G, KRAVVARITIS D. The floquet theory of the periodic Euler - Bernoulli Equation[J]. Journal of Differential Equations, 1998, 150 (1): 24-41.

[59] PARK S H, UNGSON G R. The effect of national culture, organizational complementarity and economic motivation on joint venture dissolution[J]. Academy of Management Journal, 1997, 40 (2): 279-307.

[60] PELLED L H, EISENHARDT K M, XIN K R.Exploring the black box: an analysis of work group diversity, conflict, and performance[J]. Administrative Science Quarterly, 1999, 44 (1): 1-28.

[61] POLANYI K.The great transformation: the political and economic origins of our time[M]. New York: Farrar & Rinehart, 1944: 1-44.

[62] POORKAVOOS M, DUAN Y, EDWARDS J S. Identifying the configurational paths to innovation in SMEs: a fuzzy-set qualitative comparative analysis[J]. Journal of Business Research, 2016, 69 (12): 5843-5854.

[63] PORTER M E. The competitive advantage of nations[M]. London: The Macmillan Press, 1990.

[64] PRAJOGO D I, AHMED P K. Relationships between innovation stimulus, innovation capacity, and innovation performance[J]. R&D Management, 2006, 36 (5): 499-515.

[65] SCOTT T, JAMES M L.Relative importance analysis: a useful supplement to regression analysis[J]. Journal of Business and Psychology, 2011, 26 (1): 1-9 .

[66] SIMSEK Z, VEIGA J F, LUBATKIN M H, et al. Modeling the multilevel determinants of top management team behavioral integration[J]. Academy of Management Journal, 2005, 48 (1): 69-84.

[67] SIMSEK Z. CEO tenure and organizational performance: an intervening model[J]. Strategic Management Journal, 2007, 28 (6): 653-662.

[68] SITKIN S B, WEINGART L R.Determinants of risk decision-making behavior: a test of the mediating role of risk perception and propensity[J]. Academy of Management Journal, 1995, 38 (6): 1573-1592.

[69] TEECE D J. Profiting from technological innovation: implications for integration, collaboration, licensing and public policy[J]. Research Policy, 1986, 15（6）: 285–305.

[70] TONIDANDEL S, LEBRETON J. Relative importance analysis: a useful supplement to regression analysis[J]. Journal of Business and Psychology, 2011, 26（1）: 1–9.

[71] UZZI B.The sources and consequences of embeddedness for the economic performance of organizations: the network effect[J]. American Sociological Review, 1996, 61（4）: 674–698.

[72] UZZI B. Social structure and competition in interfirm networks: the paradox of embeddedness[J]. Administrative Science Quarterly, 1997, 42（1）: 35–67.

[73] WILLIAMSON O E. The economic institutions of capitalism: firms, markets, relational contracting[M]. New York: Free Press, 1985.

[74] ZUKIN S, DIMAGGIO P. Structures of capital: the social organization of the economy[M]. Cambridge: Cambridge University Press, 1990.